◀勒庞骑马照。古斯塔夫·勒庞（Gustave Le Bon，1841—1931），法国社会心理学家、社会学家，群体心理学的创始人，被称为"群体社会学的马基雅维利"。

▲法国大革命时期拿起武器参加革命的妇女。勒庞认为，妇女和儿童最没有主见，也最容易表现出急躁、冲动、缺乏理性等特点。

▲ 玛丽·安托瓦内特（Marie Antoinette, 1755—1793），法国国王路易十六的王后。因生活骄奢，挥霍无度，被称为"赤字夫人"。法国大革命爆发后她支持路易十六捍卫封建制度与王权，并数度外逃未遂，后因叛国罪被群众送上了断头台。

▲ 让-保尔·马拉（Jean-Paul Marat, 1743—1793），法国大革命时期著名的活动家和政治家。1792年当选国民工会代表，1793年5月参加起义推翻吉伦特派统治，建立雅各宾专政，同年7月13日遇刺身亡。

▲ 雅各宾派俱乐部正在举行会议。该俱乐部创建之初包括许多不同派别的成员，后因政见分歧，立宪派和吉伦特派于1791年7月和10月分裂出去，雅各宾派俱乐部成为以罗伯斯庇尔为首的激进政治团体。

▲1789年法国大革命前夜，声言皇室要遏制革命的宣传单。文字不多但很容易调动起群众对皇室同仇敌忾的情绪，因为简洁明了的东西才最易为群众接受。

▲阿拉伯伊斯兰文明的象征——伊斯兰教清真寺。公元7世纪，伊斯兰文明的兴起在极短的时间内将阿拉伯人凝聚起来，让他们走出阿拉伯半岛，建立起庞大的阿拉伯帝国，同时也创造出璀璨的阿拉伯伊斯兰文明。

▲阿拉伯法院内部场景。自19世纪开始，地处西亚和北非的阿拉伯国家慢慢地接受西方的法律制度，其原有的宪法、刑法和婚姻法都受到西方法律制度的影响而发生了演变，甚至其法院的组织形式和诉讼程序都因此而发生了改变。

▲18世纪晚期贵族妇女的装束风格大都繁琐复杂、浮华精美，造型繁复的高发髻、卷发，装饰着蕾丝与蝴蝶结的大领口、高跟鞋和造型愈发夸张的裙撑都是这一时期服饰的典型特征。

▲1814年5月，因对反法联军作战失败，拿破仑被放逐意大利厄尔巴岛，但这丝毫无损于他的声望。当他的船只在厄尔巴岛"铁港镇"靠岸时，受到了当地官员与百姓的热烈欢迎。

乌合之众

Wu He Zhi Zhong

大众心理研究

弗洛伊德、荣格点评版

〔法〕**勒庞** 著 杨森译

民主与建设出版社
Democracy & Construction Publishing House

图书在版编目（CIP）数据

乌合之众 / (法) 勒庞著 ; 杨森译. —— 北京 : 民

主与建设出版社, 2016.4

ISBN 978-7-5139-1052-1

Ⅰ.①乌… Ⅱ.①勒… ②杨… Ⅲ.①群众心理学 -

研究 Ⅳ.①C912.64

中国版本图书馆CIP数据核字(2016)第064717号

书名原文: The Crowd: a Study of the Popular Mind

出 版 人：许久文

责任编辑：李保华

整体设计：仙　境

出版发行：民主与建设出版社有限责任公司

电　　话：(010)59419778　　59417745

社　　址：北京市朝阳区阜通东大街融科望京中心B座601室

邮　　编：100102

印　　刷：北京欣睿虹彩印刷有限公司

版　　次：2016年6月第1版　2016年6月第1次印刷

开　　本：32

印　　张：7.25

书　　号：ISBN 978-7-5139-1052-1

定　　价：36.00元

注：如有印、装质量问题，请与出版社联系。

我之所以要做如下研究，其目的是为了对各种群体的特征进行一下说明。

遗传把某些共同特征赋予了每个种族中的每个人，这个种族的气质是由这些特征累加在一起形成的。但是，当种族中的一部分人为了某种目的而组成一个群体时，我们仅从他们聚在一起这个事实就可以观察到，除了原有的种族特征，他们还表现出一些新的心理特征，这些特征有时候可能与种族特征完全不同。

虽然，有组织的群体自古以来就在各种族的生活中起着重要的作用，但其重要程度远不如现在。如今这个时代的主要特征之一就是群体的无意识行为代替了个体的有意识行为。

◢无意识是所有那些失落的记忆，所有那些仍然微弱得不足以被意识到的心理内容的收容所。

★ 荣格

1

我用纯科学的方式对由群体所引发的难题进行了考察。也就是说，我的研究只关注方法，而不受各种意见、理论和规条的影响。我认为，这是发现少数真理的唯一办法；当这里所讨论的是各抒己见的话题时，情况更是如此。致力于澄清一种现象的科学家，从来不会因自己的这种行为会伤害到什么人的利益而有所顾虑。杰出的思想家阿尔维耶拉先生在最近的一本著作中指出，他不属于任何当代学派，也时常会发现自己的思想与所有这些派别得出的各种结论并不一致。我希望我的这部《乌合之众》也堪当此论。原因是，属于某个学派，必然会相信它的片面见解和先入为主的意见。

不过在这里，我还是要向我的读者们解释一下，为什么你会发现我的研究得出了一些从表面上看很难接受的结论。比如，我在提出包括杰出人士的团体在内的群体精神极端低劣之后，为什么仍然断定，虽然存在这种低劣性，但是如果干涉他们的组织仍然是危险的呢？

原因就是，所有对历史问题最仔细的研究，都在毫无例外地向我证明，社会组织如一切生命有机体一样复杂，而我们还不具有强迫它们在刹那间发生巨大变革的能力。即使大自然所采取的手段偶尔会过于激烈，我们的方式也从不会被纳入考虑之中，由此可以看出，会对一个民族产生致命威胁的，就是它所热衷的重大变革；不管在大家看来这些变革有多么合理和符合实际。假如这些变革可以使民族气质立即发生改变，才可以证明它是有用的，而可能证明这一点的，唯有时间。我们会受各种思想、感情和习惯的影响——这是我们的本性所决定的。各种制度和法律是我们本性的外在显现，反映出的是我们的需要。作为其附属产物的各种制度和法律，是无法改变人的本性的。

我们研究社会现象，就必须研究产生这些现象的民族。从哲学角度来看，这些现象也许有绝对价值，可事实上它们仅有相对价值。

所以，在深入学习一种社会现象时，应该分清主次，从正反两个方面对它加以观察，这样才能发现，理论与实践往往大相径庭。这种区分几乎适用于包括自然科学的材料在内的所有材料。如果用绝对真理的观点去分析一个立方体或一个圆，那么，它们就都是由特定公式严格定义的不变的几何图形。可是，如果从表象的角度看，这些几何图形在我们脑子里却会显现出各种不同的形状。而以透视的方式来观察，立方体可以变成锥形或方形，圆可以变成椭圆或直线。关注这些虚幻的形状，比关注它们的真正形状更加重要，因为只有它们，才是我们所能够观察到并可以用照相或绘画的方法加以再现的形状。所以，不真实的东西常常比真实的东西包含了更多的真理，若只是用客观准确的几何形状来表现它们，很可能是在歪曲真理，使它变得更加难以辨认。可以设想一下，假如人们只能复制或翻拍物体，却不能接触它们，那我们就很难对物体形态持有正确的看法。从更深层次来说，假如有关这种形态的知识只有极少数学问高的人才能了解，那它也就没有任何意义了。

研究社会现象的学者们永远不应忘记，这些现象不只有理论价值，更有意义的是它具有实践价值，认识到这种实践价值与文明的进化程度有关，才是最重要的。一个人只有认清这个事实以后，再考虑最初逻辑强迫他接受的结论时，才会抱有一定的谨慎态度。

他采取类似的保留态度还有另外一个原因：社会事实这么复杂，想要全部掌握或提前判断它们相互影响所带来的结果几乎是不可能的。另外，在我们所见的事实背后，可能还隐藏着数以万计看不见的原因。这些能够看到的社会现象也许是某种巨大的无意识机制所产生的结果，而这一机制恰恰超出了我们普通人的分析能力。如果我们把能够实际感受到的现象比做波浪，那么这些波浪就只是海洋深处我们不得而知的湍流的表象。就群体的大众行为而言，它在思想上显现出一种独特的低劣性，但在一些行为中，它似乎又被一种神秘力量所牵引，古人把它称为命运、自然或天意，我们则称它为"幽灵的声音"。虽然我们现在还不知道它的本质，但是却不能忽视它的威力。事实上，在民族的灵魂深处，确实有一种永恒的力量在左右着他们。比如，还有什么东西能比语言更复杂、更有逻辑、更神奇吗？所以，这个组织程度严密到令人惊叹的产物，如果不是来自于群体无意识的禀赋，还能来自什么地方？最博学的学者，最有威望的语法学家，他们所能做到的也仅仅是指出左右着语言的那些规律，而对于创造这种规律，他们也无能为力。甚至是伟人的思想，我们能确定那就是他们头脑的产物吗？毋庸置疑，这些思想是由独立的头脑发明出来的，可是，难道不是群体的禀赋造就了无数颗沙粒才铺垫出这些思想生存的土壤吗？

毫无疑问，群体是没有意识的，但正是在这种无意识之中，隐含着力量强大的秘诀。在大自然中，很多生物完全受本能支配做出的一些行为，其神奇的复杂性令我们叹为观止。理性只是后来诞生的人类才拥有的特性，而且还没有强大到可以向我们揭示无意识的规律，它要想站稳脚跟，依然需要很长的时间。无意识以一种仍然不为人知的力量在人们的日常生活中起着决定性的作用，而理性起作用的时候却寥寥无几。

假如我们想要呆在狭小而安全的空间之内，利用科学来积累知识，不准备步入模糊的猜测与无用的假设的领地，那么我们必须留心这些我们能够接触到的表象，这些表象会把我们自己限制在对它的思考中，然而从这些思考中得出的所有结论一定都是不成熟的，因为在这些我们能够明显看到的表象后面，还有一些我们只能模糊看到的现象，这种模糊现象背后，仍有一些我们一无所知的现象。

> ◢ 本能活动必须包括在无意识过程中——这种无意识过程只有通过其事后的结果才能被我们意识到。
> ★ 荣格

群体的时代

像阿拉伯帝国的建立和罗马帝国的衰亡这类发生在文明变革之前的大动荡，从表面上看，可能是由政治环境变化、外敌入侵或王朝的颠覆所决定的，但是如果对这些事件进行更为详细地研究，就不难发现在表面原因的背后，潜藏着人民的思想所发生的普遍而又深刻的变化。真正的历史大动荡，让我们吃惊的并不只是那些宏大而暴烈的场面，让文明改头换面的唯一重要的因素，是人们思想、观念和信仰的改变，而那些刻骨铭心的历史事件，不过是人类思想潜移默化的变化所引起的可见后果而已。这种重大事件之所以如此罕见，是因为人类物种世代相传的思维结构这个最稳定的因素。

如今正是这种人类思想经历转型过程的重要时期之一。

这一转型基础有两个重要因素组成：首先是宗教、政治和社会信仰的毁灭，而我们文明的全部要素，都是发源于这些信仰之中；其次是现代科学和工业的各种发明，造就了一种全新的生存和思想条件。

以前旧的观念虽已残缺不全，却仍然有着十分强大的力量，而目前新的观念仍处于形成的过程之中，且表现为群龙无首的过渡状态。

现在还不能确定这个必然有些混乱的时代最终会演变成什么样子。在我们这个社会之后，哪些观念将成为新社会的基础？眼下我们仍不得而知。但可以确定的是，无论以后的社会是以什么方式进行组织，它都必须依赖于一股新的、可以坚持到最后的力量，即群体的力量。在以前视为理所当然、当下却已经衰落或正在衰落的很多观念的废墟之上，在胜利的革命所毁灭的众多权威资源的废墟之上，这股取而代之的唯一力量，注定会同其他力量汇合在一起。当我们悠久的信仰崩塌消亡的那一刻，当历史的社会柱石一根又一根倾倒的那一刻，群体的势力便成为唯一势不可挡的力量，而且它的声势还会不断壮大。我们就要步入的时代，的确是一个

1 我们能像穿上一套新衣服那样换上现成的象征，并因此变成黄袍加身的乞丐，变成把自己打扮成乞丐的国王吗？

★ 荣格

2 在我看来，承认我们精神上的贫瘠和无象征状态，要比捏造我们是某笔遗产的继承人好得多。

★ 荣格

群体的时代。

在一个世纪（即18世纪）之前，欧洲各国的传统政策和君主之间的抗争，是造成各种事变的主导因素，民众的建议一般起不到太大的作用或根本不起任何作用；如今，那些得到政治认可的各种传统、统治者的个人倾向及相互对抗已经不再起作用了，群众的声音已经获得了优势，向君主们表明群众举动的正是这个声音，而君主们也不得不因声音的内容而注意自己的言行。目前，决定各民族命运的地点，在群众的心中，而不再是君主们的国务会议上。

民众的不同阶层进入政治中心，准确地说，就是他们已日渐成为一个统治阶层，这是我们这个过渡时期最令人关注的特点。在很长一段时期内，普选权的实施并没有产生很大影响，所以它可能与人们曾经认为的那样不同，这就是这种政治权力转移过程的显著特征。群众势力渐渐开始强大，首先是因为一些观念的传播，使它们在人们的大脑中不断的生根，随后个人逐渐组成社团，致力于一些理论观念的实现。正是经过结社，群体学到了一些同他们的利益相关的观念——即使这些利益并不正当，却有着非常明显的界限——并终于体会到了自己的力量。群众如今成立了各种联合会，使一个又一个政权在它面前甘拜下风，他们创建了工会，尝试支配劳动和工资，还加入了支配着政府的议会，但这些新加入的议员们极度缺乏主动性和独立性，几乎堕落成那些将他们选举出来的委员会的传话筒。

当前，群众的需求（包括规定工作时间，将矿场、铁路、工厂和土地国有化，平均分配全部产品，为了广大群众的利益消灭上层阶级等）正变得越来越清晰，甚至好像非要把当前整个社会完全毁灭不可，他们所持的观点与原始共产主义紧密相连，但这种共产主义并不是所有人类的常规状态。

群体不善于推理，却急于实施行动。他们集合而成的组织让他们拥有了巨大的力量。我们亲眼看到其制定的那些教条，很快也将同旧式教条具有同等的威力，并将进一步演变为专横武断的力量。群体的神权就要替代国王的神权了。

与中产阶级志同道合的那些作家，较好地反映出了群体较为偏激的思想、顽固不化的观点、浅薄的怀疑主义及有些过分的自私。这些作家因为观察到这股新势力的不断壮大而深感恐慌，为了抵御人们混乱的头脑，他们不得不向曾被他们鄙夷的教会道德势力求救。他们声称科学已经灭亡，而自己满怀愧疚地转向罗马教廷是为了给予我们启示性真理的教诲。但这些新的皈依者并没意识到，现在这样做已经晚了。就算群众真的能被神宠所感动，这种手段也不可能对他们的头脑产生相同的影响了，因为他们已经不关心宗教的事情了。今天的群众放弃了他们

■ 新教的历史是一部持续地破旧立新的历史。一堵墙接着一堵墙倒塌了；一旦教会的权威已经粉碎，这破坏的工作也就并不显得太难了。
★ 荣格

的劝说者昨天已经放弃并予以毁灭的诸神。不管是神界的还是人间的，没有一种力量能够强迫河水倒流。

科学并没有灭亡，而且一直都没有陷进当前这种精神上的无政府状态，从无政府状态中产生的新势力也并不是因为它才形成的。科学为我们承诺的是真理，至少是我们的智力能够掌握的一些关于各种关系的学问，它一直没有为我们承诺过和平或幸福。它对我们的情感不动声色，对我们的报怨也从不计较。因为没有任何力量能够恢复被它摧毁的幻觉，所以我们只能努力和科学生活在一起。

普遍发生于各国的各种信号向我们表明群体势力正在迅速壮大，认为它注定会在短时期内就停止扩张只是我们一厢情愿的想法。无论我们的命运如何，都不得不接受这种势力，一切反对它的说辞，都是徒劳无功的坐而论道。群众势力的出现表明了西方文明进入到了最后一个阶段，甚至倒退到混乱的无政府时期，而这是每一个新社会诞生的必然前奏。那么，可以阻止这种结果吗？

时至今日，彻底毁灭一个破败的文明，一直都是群众最明确的目标。历史向我们指明，当文明所依赖的道德因素失去威力时，它最后的解体总是由无意识的野蛮群体来完成，这些群体理所当然的被称为野蛮人。创造和引导文明的，历来只是少数知识贵族而不是群体。群体有的只是强大的破坏力，他们的统治总是会回归到野蛮阶段。那种拥有复杂的规章制度，从本能状态进入能够未雨绸缪的理性状态的文明，只属于文明的高级阶段。而群体则毫无例外地证明，只依靠他们自己，所有这些事情都是不可能实现的。因为群体的力量有着单纯的破坏性，所以他们就像是加速垂危者死亡或尸体解体的病菌，当文明的结构摇摇欲坠时，使它覆灭的总是群众，只有在这个时候，他们的主要使命才清晰可辨，此刻，人多势众似乎成了唯一的历史法则。

我们的文明也会面临这样的命运吗？这种担心并不是没有根据的，可是我们目前还不能做出肯定的回答。

无论如何，我们注定要屈从于目光短浅的群体的力量，因为群体会把自己可能遇到的全部阻碍逐一清除掉。

对于这些群体，我们知之甚少。心理学的专业研究者并不关注它们，即便他们把注意力转向这个方向时，也觉得只有犯罪群体值得进行研究。犯罪群体确实存在，但我们有时也会碰到一些见义勇为的群体及其他类型的群体。群体犯罪只是一种特殊的心理表现，我们不能只通过研究群体犯罪来认识他们的精神组成，就好比不能通过个体犯罪就可以了解一个人一样。

但是，从事实的角度看，有史以来的所有伟人、宗教和帝国的建立者、信仰的使徒和杰出政治家，或者干脆说得通俗一点，一伙人中的带头人，他们全是不自觉的心理学家，对于群体性格他们有着出自本能却十分准确的了解。正是由于他们对群体性格有了正确的了解，所以才能易如反掌地建立自己的领导地位。拿破仑①对他所统治的国家的群众心理具有卓越的洞察力，可有时对属于另一些种族的群体心理却全然无知。也正是因为这种无知，他在征讨西班牙，特别是俄罗斯时，让自己陷入了危机当

---

① 拿破仑·波拿巴（Napoléon Bonaparte，1769—1821），十九世纪法国著名军事家、政治家，法兰西第一共和国第一执政（1799—1804），法兰西第一帝国皇帝（1804—1815）。——译者注

中，并且不可避免地在极短的时间内走向了灭亡。如今，对于那些不想再管理群体（这变得越来越困难），只求不过分受群体控制的政治家来说，群体心理学的知识已经成了他们最后的资本。

只有了解了群体心理，才能理解法律和制度对群体的作用是多么地微乎其微，才能理解除了别人强加给他们的建议，他们没有多少能力可以坚持自己的意见。要想管理他们，不能只依据建立在纯粹平等学说上的原则，而要去找寻那些能真正让他们为之心动的事情和可以诱惑他们的东西。比如说，一个计划实行新税制的立法者，不应选择从理论上来说最公正的方式。因为在现实中，对群众最不公正的，可能才是最完美的，只有既模棱两可又让人觉得负担小的办法，才能被人们接受。因此，即便间接税并不低，也总是会被群体所接受，原因就是尽管每天要为日常消费品支付少量税金，但是不会给群体的习惯带来什么影响，所以可以在不知不觉中进行。而用工资或其他的全部收入的比例税制替代这种方式，即一次交付所有的税金，虽然比其他方法所带来的负担要低90%，但是仍会遭到大多数人的抗议。造成这种结果的原因就是，人们已经习惯了零星税金，若一次性缴纳的数目较多，人们一时就会难以接受，而新税制感觉上并不重，就是因为它是一点一点支付的。这种税收手段牵涉长远利益的计算，而这些是群众的力量所不能企及的。

这是一个最简单的例子，人们不难理解它的适用性，它也没有躲过拿破仑这位心理学家的眼睛。但是我们当代的立法者对群体的特点全然不知，所以无法理解这一点。直至今天，经验仍没有使他们充分认识到，人们从来都不可能在行动时保持着纯粹的理性。

群体心理学还有许多别的实际用途。深入研究这门科学，就能对大量的历史和经济现象作出最为合理的解释，而离开了这门科学，这一切就会变得不可捉摸。我将有机会证实，最杰出的现代史学家泰纳，对法国大革命中的事件也理解得颇为片面，这是因为他根本没有想过要对群体的本质进行研究。他在研究这个颇为复杂的时代时，把自然科学家采用的描述方法当作自己的工具，而自然科学家所研究的现象中并不涉及道德因素，然而，构成历史的真正主脉络的，恰恰就是这些因素。

因此，单就实践方面来说，群体心理学就很有研究价值。就算是完全出于好奇，也值得对它加以关注，要知道，破译人们的行为动机，就像确定某种矿物或植物的属性一样有趣。我们对群体本质的研究只能算是一种简单的总结，除了能提供一点建议性的观点，对此不必有太多的奢求。后人会为它打下更完善的基础，而现在，我们只不过是刚刚接触到一块未开垦的土地。

◢ 我们的时代需要心理学，因为心理学同我们的生存息息相关。当纳粹肆虐的时候，人们常常会感到迷茫，根本原因在于我们要么对人一无所知，要么只知道一些片面的歪曲的了解。
★ 荣格

第一卷　群体的心理

第二卷　群体的意见和信念

第三卷　各种类型群体的分类和特点

第一卷
群体的心理

　　群体具有强大的破坏力，他们的规律永远是回到野蛮阶段。建立具有复杂的典章制度、理性状态的文明，仅靠群体自身是不可能实现的。由于群体的力量有着纯粹的破坏性，因而它们的作用就像是加速垂危死亡或尸体解体的细菌。当文明的结构摇摇欲坠时，使它倾覆的总是群众。

——古斯塔夫·勒庞

第一章
群体的基本特征

通常，"群体"一词指的是集合在一起的个人，不管他们是什么民族、什么职业、什么性别，也不论是什么事情促使他们聚集在了一起。但从心理学角度来讲，"群体"这个词却具有完全不同的重要含义：群体，指在一些既定的条件，且只有在这种条件下，一群人会显现出一些不同于以往的新特点，而这些新特点与组成这一群体的个人所具有的特点完全不同。集合成群的人的思想感情全部朝向统一的方向，丧失了自觉的个性，从而形成了一种集体心理。可以非常肯定地说，集体心理是暂时的，但它的确表现出了一些非常清晰

勒庞认为，在一个集体中，个人的特殊的后天习性会被抹杀，因此，他们的个性也会随之消失。

★ 弗洛伊德

的特点。这些聚集在一起的人步入了一种状态，由于还没找到更恰当的说法，我暂且将之称为组织化的群体，或者更确切地说是心理群体。它形成了一种特殊的存在，并被群体精神统一定律所支配。

当然，一些人发现他们也会偶然间聚集在一起，但这一事实并不能说明他们具有组织化的群体的特点。假如有一千个人没有任何明确的目标只是偶然聚集在公共场所，那么，从心理学角度来说，这完全不能称为群体。要想具有群体的特征，就必须有一些前提条件，而且我们必须确定它们的性质。

那些即将形成组织化群体的人所表现出的重要特征就是自觉个性的消失，同时感情和思想转向不同的方向，但这并不一定要求一些个体总是同时出现在同一个地点。有些时候，在某种残暴感情（比如国家大事）的影响下，千千万万独立的个体也会拥有心理群体的特征。在这种情况下，一个偶然事件就可以使人们集合在一起，并立刻获得群体行为所特有的属性。有时候，七八个人就能组成一个心理群体，但有时候成千上万人偶然聚在一起也不会出现类似现象。另外，尽管我们不会看到整个民族集聚在一起，可当受到某些影响时，它也会变为一个群体。

心理群体一旦形成，就会出现一些暂时的但又非常明确的普遍特征，除此之外，它还会具有另外一些特征，其具体表现因组成群体的人而各不相同，并且它的精神结构也会发生变化。因此，对心理群体可以很容易地进行分类。当我们深入研究这个问题时就会发现，一个异质性群体（指由不同成分组成的群体）会表现出一些与同质性群体（指由大概相同的成分，如宗派、等级或阶层组成的群体）相同的特征，除了这些共同特征，它们还拥有各自的特点，从而将这两类群体区别开来。

不过在对不同类型的群体深入研究之前，我们一定要先考察它们的相同特征。我们最好秉持博物学家那种认真、细腻的研究态度，首先研究某个科的所有成员共有的基本特征，然后再去找出那些把该科所包含的不同属、种区别开来的专有特征。

对群体心理很难做出绝对准确的描述，因为不仅组成群体的种族和构成方式截然不同，支配群体的刺激因素的性质和强度也有所区别。可是，个体心理学的研究同样会遇到类似的难题。除非环境永远不发生改变，否则一个人一辈子性格都保持不变是不可能的。我曾在其他著作中说到过，所有群体的精神结构都包含着多重性格的可能性，当所处环境突然变化时有些性格才可能显现出来。这也解释了为什么原本谦和有礼的公民会变成法国国民公会中最偏激粗鲁的成员。在一般情况下，他们都是一些平和的公证人或善良的官员。大革命的风暴过后，他们又恢复了原有的性格，重新变成安静守法的公民。拿破仑在他们中间为自己找到了最恭顺的臣子。

在这里，我们不可能对群体强弱不同的组织程度进行全面的研究，所以我们只需关注那些已经完全组织化的群体就可以了，这样就能看到群体可以变成什么样子。也只有在最成熟的组织化阶段，种族的主要特征才会被赋予新的特点，此时，集体的全部感情和思想会朝着一个明确的方向变化，只有在这种情况下，我前面所提到的群体精神统一性的心理学规律才开始发生作用。

有一些群体的心理特征可能与独立的个体之间并没有什么不同，而有一些则是群体所独有的，因此只能在群体中才能看到。我们所研究的首先就是这些独有的特征，以便揭示它们的重要性。

一个心理群体表现出来的最令人惊奇的特点是：组成这个群体的个人无论是谁，无论他们的生活方式、职业、性格或智力是否相同，因为他们事实上已经构成了一个群体，所以他们都具有一种集体心理，促使他们的感情、思想和行为变得与他们作为个体时的感情、思想和行为完全不同。如果没有形成一个群体，有些思想或感情在个人身上完全不会产生，或是不可能变成行动。心理群体是一个由异质成分组成的暂时现象，当他们结合在一起时，就会如同组成一个生命体这样一个新的存在的细胞一样呈现出一些新的特点，这些特点与单个细胞所具有的特点大不相同。

与机智的哲学家赫伯特·斯宾塞笔下的观点完全不同，在形成一个群体的人群当中，根本找不到群体构成因素的总和或它们的平均值。实际上它表现出来的是由于出现了新特点而形成的一种组合，就像某些化学元素（如碱和酸）反应后形成的一种新物质一样，所具有的特性与可以形成它的那些物质截然不同。

若想证明组成一个群体的个人与孤立的个人有什么不同并不难，但是若要找出不同的原因却很困难。

如果想多少了解一些原因，首先必须明白现代心理学所确认的真理，即无意识现象不管是在有机体的生活中，还是在智力活

动中，都发挥着完全压倒性的作用。与精神
生活中的无意识因素相比，有意识因素所起
到的作用很小，即使最细心的分析家和最敏
锐的观察家，顶多也只能找出一点儿支配他
的行为的无意识动机。有意识行为，主要是
受遗传影响而造成的无意识的深层心理结构
的产物。在这个深层结构中包含着祖辈遗传
下来的无数共同特征，它们形成了一个种族
的先天禀性。在我们的行为中可以说明的原
因后面隐藏着我们没有说明的原因，但在这
些没有说明的原因背后，还有其他许多连我
们自己也完全不知道的神秘原因。我们大部
分的日常行为，都是我们无法观察到的一些
隐蔽动机所产生的结果。

　　无意识构成了种族的先天禀性，在这个
方面，属于该种族的个人之间十分相似，但
由于他们性格中那些有意识方面即教育的结
果，还有特有的遗传条件，使他们彼此之间
又有所不同。人们虽然在智力上存在巨大的
差别，但他们的本能和情感却非常相似，在
属于情感范围内的每一种事情上，如宗教、
政治、道德、爱憎等，最杰出的人士也不见
得比凡夫俗子高明多少。一个伟大的数学家

◢ 高度重视无意识
心理并将其作为知识
之源的做法完全不像
我们西方的理性主义
所喜欢认为的那样，
是一种自欺欺人的
把戏。

★ 荣格

7

和他的鞋匠之间在智力方面也许有天壤之别，但是他们性格的差别可能很少，甚至完全没有差别。

无意识因素支配着这些普遍的性格特征，在同等程度上，一个种族中的大多数普通人都具有这些特征。我个人觉得，正是这些特征构成了群体的共同属性。在集体心理中，个人的才智被弱化了，他们的个性也就跟着被弱化了，异质性被同质性所侵吞，无意识的品质占据了上风。

群体的品质基本上都很普通，这一事实充分说明了它为什么不能完成那些对智力要求很高的工作。凡是牵涉到普遍利益的决定，都是由杰出人士组成的议会做出的，但是各行各业的精英并不会比一群蠢人所采纳的决定更高明。一般来说，他们只能用每个普通人与生俱有的平庸才智处理现有的工作。群体中积累在一起的只有愚蠢而不是智慧。如果"整个世界"指的是群体，那就根本不像人们平常所说的，整个世界要比伏尔泰更聪明，反倒该说伏尔泰比整个世界更聪明。

如果群体中的个人只是把他们共有的普

通品质结合在一起，那么只会带来明显的凡庸，却不会像我们实际所说的那样创造出一些新的特点来。现在我们就要研究一下这些新特点是如何形成的？

有一些不同的原因，对这些为群体所独有、孤立的个人并不具备的特点起着决定性的作用。第一，即使只考虑数量方面，形成群体的个人也会感觉到一种不可阻挡的力量，这会促使他把自己本能的欲望发泄出来；但是在独自一人的时候，他又不得不对这些欲望加以限制。他很难约束自己不产生这样的念头：群体是个无名氏，因此没必要承担责任。这样一来，总是约束着个人的责任感便完全消失了。

第二，传染的现象，它对群体的特点也起着决定性的作用，同时还决定着它所接受的倾向。传染虽然是一种很容易确定其是否存在的现象，但是却很难解释清楚，必须把它看作一种催眠方法，下面我们就针对这些进行研究。在群体中，每种感情和行动都有传染性，其程度完全可以使个人随时准备着为集体利益牺牲自己的个人利益。这是一种与人的天性完全相反的倾向，假如没有成为群体的一员，他也很少会具备这样的能力。

第三，同孤立的个人所表现出的特点截然相反是决定群体特点的最重要的原因。我这里所说的是易于接受暗示的表现，它也正是上面所说的互相传染所造成的结果。

若要理解这种现象，就必须牢记最近的一些心理学发现。我们已经认识到，不同的过程能将个人带入一种完全丧失人格意识的状态，他会绝对服从于使自己失去人格意识的暗示者，做出一勒庞并不是将集体中的个人状态与催眠状态作单纯的比较，而是把集体中的个人状态解释为就是一种催眠状态。

★ 荣格

些同他的性格和习惯相矛盾的行动。通过极为细致的观察已经证实，个人长时间融入群体行动就会发现——也许因为在群体发挥催眠影响的作用下，也许是由于一些我们根本不知道的原因——自己进入一种特殊状态，这与被催眠的人在催眠师的操纵下进入的迷幻状态类似：被催眠者被麻痹了大脑活动，他变成了受催眠师任意支配的所有无意识活动的奴隶，有意识的人格荡然无存，意志和辨别力也不复存在，一切感情和思想都被催眠师所支配。

总体来说，心理群体中的个人也处于这种状态之中，对自己的行为完全没有意识。就像受到催眠的人一样，他的一些能力遭到了破坏，同时另一些能力却可能得到极大的强化。在某种暗示的影响下，他会因为不可抵抗的冲动而采取某种行动，而群体中的这种冲动，比被催眠的人的冲动更让人难以抵抗，这主要是因为暗示对群体中的所有个人所起的作用相同，互相影响力量就会更大。在群体中，具备强大的个性、足以抵制那种暗示的个人屈指可数，因此根本无法逆流而动，他们充其量只会因为不同的暗示而改变主意。比如，正因如此，有时只消一句动听的话或一个被及时弄醒的形象，便可以阻止最血腥的暴力行为。

　　当前我们已经认识到，有意识人格的消失，无意识人格的得势，思想和感情因为暗示和互相传染而转向一个共同的方向，以及立刻把暗示的观念转化为行动的倾向，是组成群体的个人所表现出来的主要特点。他们已经不再是自己，而变成了一个根本不受自己意志控制的玩偶。

　　更进一步来说，仅仅是他变成一个有机群体的成员这个事实，就能使他在文明的阶梯上倒退一大截。孤立的他也许是个有教养的个人，但在群体中他却变成了蛮横之人。他表现得不由自主，残暴而狂热，同时表现出原始人的热情和英雄主义，和原始人更加类似的是，他情愿让自己被各种言辞和形象所打动，但当组成群体的人孤立存在时，这些言辞和形象完全不会产生任何作用。他会不由自主地做出同他最显而易见的利益和最熟悉的习惯完全相反的举动。一个群体中的个人，也不过就是沙漠中的一粒细沙，可以被风吹到任何地方。

　　事实上，原始人并不比我们更具有逻辑性，也并不比我们更缺乏逻辑性。

　　★ 荣格

正因如此，人们才会看到陪审团做出了单个陪审员不会同意的判决，议会实施着议员个人不可能同意的法律和措施。在法国大革命时期，国民公会的委员们在成为群体以前全都是举止温和、思想开通的公民。可是当他们聚集在一起的时候，却毫不迟疑地听从最野蛮的提议，把没有任何罪行的人送上断头台，并且违反自己的利益，放弃他们不容侵犯的权利，甚至在自己人中也滥杀无辜。

群体中的个人与孤立的个人不但在行动上存在本质的区别，甚至在独立性还没有完全丧失之前，其思想和感情就已经发生了变化，这种变化是非常深刻的，它可以让一个守财奴变得挥金如土，把怀疑论者改造成信徒，把懦夫变成豪杰，把老实人变成罪犯。1789年8月4日是一个有纪念意义的日子，① 当天晚上法国的贵族一时激情澎湃，毅然决定放弃了自己的特权，而如果他们作为个体单独考虑这件事情，就没有一个人会表示赞成。

通过以上讨论我们得到的结论是，群体在智力上总是比孤立的个人要低，但是从感情及其激起的行动这个方面来看，群体可

> 至于智力方面的工作，事实上看来还确实应承认，要在思想领域中作出伟大的决策，要获得重大的发现，要解决疑难的问题，就只能靠一个人回避世人的专心钻研。不过即使集体的心理在智力的领域中也是能具备创造性天才的。
>
> ★ 弗洛伊德

① 1789年8月4日晚，法国国民议会中的议员们提议废除封建特权，次日，制宪会议颁布了废除封建制的法令。——译者注

以比个人表现得更好或是更差，这完全看他们处在什么样的环境中。所有的一切均取决于群体接受的暗示所具有的性质，这就是那些只从犯罪角度研究群体的作家根本没有理解的关键点。群体虽然经常是犯罪群体，但它往往也是英雄主义的群体。会奋不顾身地慷慨赴死，为某种教义或观念的形成提供保证；会像十字军时代那样，在几乎全无粮草和装备的情况下向异教徒讨回基督的墓地；会怀着争得荣誉的激情出生入死；会义无反顾地捍卫自己的祖国，能这样做的正是群体而不是孤立的个人。毫无疑问，这种英雄主义存在无意识的成分，但历史正是被这种英雄主义创造的。如果人民只会以无情无义的方式行事，世界史上也就找不到多少关于他们的记录了。

第二章
群体的感情和道德观

在对群体的主要特点进行简单地说明之后，我们还要针对这些特点的细节作进一步的研究。

应当指出，群体的某些特点，如急躁、冲动、没有判断力、缺乏理性和夸大精神、批判感情等，大多能在野蛮人、妇女和儿童等低级进化形态的生命中看到。但对这一点我并不打算进行深入探讨，因为本书的重点不在这里。更何况，这对于熟悉原始人心理的人用处不大，也很难被那些对此事一无所知的人所接受。

我现在就对大多数群体中都存在的不同特点逐一进行讨论。

▟ 确实，原始人比我们更简单也更幼稚，无论在善还是恶的方面都是如此。

★ 荣格

1.群体是冲动、多变和急躁的

在研究群体的主要特征时我们曾说过，群体几乎全部都受无意识动机的指挥。群体的行为不只受大脑，同时也受脊椎神经的影响，就这一点来说，群体与原始人非常相似。但就其表现来讲，群体的行动可以十分完美，可这些行为并不受大脑的支配，而是由个人根据所受到的刺激因素来决定自己的行为。所有刺激因素都对群体有支配作用，而且它的反应会不断地发生改变。孤立的个人与群体中的个人一样，也会受刺激因素的摆布，但同时他的大脑也会告诉他，受冲动的支配是错误的，因此他会控制自己不受支配。我们可以用心理学语言对这个现象做如下描述：孤立的个人具有决定自己的反应行为的能力，群体则缺乏这种能力。

依据群体兴奋原因的不同，群体所服从的大多数冲动可能是豪爽的，也可能是残忍的、勇猛的或懦弱的，这种冲动总是特别强烈，即使为了个人利益，甚至是为了保存生命，也难以抑制。刺激群体的因素多种多样，群体一直都屈从于这些刺激，因此群体也特别多变。这就是为什么我们总会看到，群体可以瞬间就从最血腥的狂热变成最极端的宽宏大量和英雄主义。群体会轻易地做出刽子手的举动，同时也会轻易地慷慨就义，也就是说，群体会为了每一种信仰的成功而不惜舍生取义。若想了解群体在这方面能有什么作为，根本无需回顾英雄主义时代，因为它们在起义中从不吝啬自己的生命。就在前不久，一位突然声名鹊起的将军，可以轻易地找到数万人，只要他一声号令，他们就会为他的事业抛洒热血。

因此，群体根本没有预先策划。他们可以被最矛盾的情感所激励，但是又经常受当前刺激因素的影响，他们就像被狂风卷起的树叶，朝着各个方向飞舞，接着又落在地上。接下来我们在研究革命群体时，也会列举一些他们感情多变的事例。

群体的多变性使它们难以统治，特别是当他们拥有公共权力的时候。只要日常生活中各种必要的事情不再对生活形成看不见的约束，民主就不会长时间持续下去。另外，尽管群体有着各种狂乱的愿望，但是它们依然不能持久，因为群体做任何一件事情都不能深思熟虑。

群体不仅冲动而且多变。如野蛮人一样，它不会承认，当自己的愿望和这种愿望的实现之间出现任何阻碍时，它根本没有能力理解这种中间障碍，因为它认为数量上的强大已经使自己势不可挡了。对于群体中的个人来说，不存在不可能的概念。他们也很清楚，在自己孤身一人时，尽管受到像焚烧宫殿或洗劫商店这种诱惑，也能很清醒地去抵制这种诱惑，但是当成为群体中的一员时，他就会意识到，群体人数给予的力量，足够让他产生杀人劫掠的欲望，并且会立刻向这种诱惑低头。各种障碍都会被残暴地毁灭。人类的机体确实可以产生大量狂热的激情，所以说，愿望受到阻碍的群体形成的正常状态就是这种激愤状态。

种族的基本特点是我们一切情感产生的不变来源，正如它会影响到我们所研究的一切大众感情一样，它也总是会对群体的急躁、冲动和多变产生影响。一切群体总是急躁而冲动的，但程度却各不相同，如拉丁民族的群体和英国人的群体就有非常明显的差别。法国历史中的具体事件为这一点提供了形象的说明：在25年前（即1870年），仅仅是一份据说某位大使受到侮辱的电报被公示出来，就立马触犯了众怒，结果引起了一场恐怖的斗争。①几年后，关于谅山一次不足挂齿的未成功的电文，又一次激起人们的怒火，致使政府立刻垮台。与此同时，英国在远征喀土穆时经历了一次特别严重的失败，但是只引起了轻微的影响，连大臣都未被撤职。不管哪个地方的群体多少都有些女人气，拉丁族裔的群体中女人气最多，只要获

① 指普鲁士首相俾斯麦利用埃姆斯密电激发德、法两国的民族仇恨，进而引发了1870年普法战争。——译者注

得他们信任的人，命运也会立刻发生重大改变。可是这样做，无异于是在悬崖边上行走，说不定哪天稍不注意就会跌入深渊。

2.群体极易受到暗示和轻信

我们在对群体进行定义时讲到，它有一个普遍存在的特征就是极易受人暗示，我们还提出了暗示的传染性在一切人类集体中所能达到的程度；这个事实解释了群体感情向某个方向快速转变的原因。不管在人们看来这一点多么无关紧要，群体往往都处在一种期待被关注的状态中，因此很容易受人暗示。开始时的提示，借由互相传染的过程，会快速影响到群体中的所有人，群体感情的一致倾向很快会变成一个既定事实。

正像一切处在暗示影响下的个人所表现出来的那样，存在于大脑中的念头很快就会变成行动；无论这种行动是放火焚烧宫殿还是自我牺牲，群体都会奋不顾身。这一切都来源于刺激因素的性质，而再不会像孤立的个人一样，完全取决于受到暗示的行动与全部理由之间的关系，后者可能与采取的行动完全对立。

于是，群体永远在没有意识的范围内

总的说来，一个个人在集体中会做出或许那些他以前在正常生活条件下所避免的事情，这并不是很出乎意料的现象；从而，我们甚至可望略微澄清一下通常为"暗示"这个谜一样的词所掩盖着的含混不清之处。

★ 荣格

漫游，会时常听从于一切暗示，显露出不为理性的影响所动的、生物所特有的激情，它们丧失了一切判断能力，只剩下了极端轻信。在群体中间，不存在不可能的事，如果想理解那种编造神话和传播捕风捉影的故事的能力，就必须牢牢地记住这一点。举例来说，我们能在巴黎遭受围困的事件中，看到无数群体轻信的事例。本来只是顶楼上的一线烛光也会立刻被人当成是向围攻者发出的信号。但是稍加思考就能明白，数里之外怎么可能看得见烛光。

一些可以在群体中广泛流传的神话之所以能够发生，不仅是由于群体的极端轻信，也是由于事件在人们的想象中被做了错误的解释。明明是在群体眼前发生的最简单不过的事情，用不了多长时间就会变得面目全非。群体是用形象来思维的，而形象自身又会立刻引起与它没有任何逻辑关系的一系列形象。我们只需想一下，有时我们会因在头脑中想到的某件事而产生一系列的幻觉，也就不难理解这种状态了。我们的理性提醒我们，它们之间什么关系也没有，但是群体却对这一事实视而不见，执意将带有歪曲性的想象力所引起的幻觉和真实事件联系在一起。群体很少对主观和客观加以区分，它把大脑中的想象也当作现实，尽管这种想象出来的景象和观察到的事实之间没有任何关系。

表面看来，群体用来歪曲自己所看到的事件的方式似乎既多且杂，各不相同，因为在群体中的个人具有的倾向差异很大，但事实并非如此；由于互相传染，群体所受到的歪曲是相同的，所以群体中所有个人表现出来的状态也是相同的。

群体中的某个人对真相的首次歪曲，是传染性暗示过程的开始。耶路撒冷墙上的圣乔治出现在所有十字军官兵面前之时，在场的人中肯定有某个人首先感觉到了他的存在。在暗示和互相传染的作用下，一个人歪曲出来的奇迹，很快被所有人接受了。

这种历史上经常出现的集体幻觉向来如此。这种幻觉仿佛具有公认的真实性，因为它是无数人观察到的现象。

假如想找出理由来辩驳上面的说法，那我们无需在意组成群体的个人的智力品质，因为这种品质无关紧要。自从成为群体一员开始，博学之士和白痴便一块儿丧失了观察能力。

这个论点也许有些说不通。要想去除人们心中的疑虑，必须研究大量的史实，而即便多写下几本好书，也达不到这种目的。

但我也不想让读者认为我的这些见解并未得到证实，所以有必要在这里列举几个实例；这些实例是从无数个可以引用的事例中随意挑选出来的。

下面是一个典型的群体成为牺牲品的集体幻觉的实例。这些群体中的个人，既有

因之，我们将同意下述观点：暗示（更正确地说应是暗示感受性）实际上是一种不能再分解的原始的现象，是人的心理生活中的一个基本事实。

★ 弗洛伊德

无知愚昧的人，也有博学之士。一名名叫朱利安·费利克斯的海军上尉在他所著的《海流》一书中偶尔提到了这件事，《科学杂志》也曾对此事加以引用。

护航舰"贝勒·波拉号"在外海巡逻，搜寻在一场风暴中与之失散的巡洋舰"波索号"。当时阳光灿烂，值勤的士兵突然发现了其中一艘船只遇难的信号。船员们顺着信号指示的方向望去，所有官兵都清楚地看到发出遇难信号的船拖着一只载满了人的木筏，然而，这只不过是集体共同产生的幻觉。德斯弗斯上将放下一条船去救助遇难士兵，在将要接近目标时，船上的官兵看到"有一大群活着的人，他们伸着手求救，还能够听到许多混乱的声音在哀号"。但是当到达目标时，船上的人却发现自己不过是找到了几根从附近海岸漂过来的长满树叶的树枝。在事实面前，幻觉才消失了。

在这个事例中，我们很容易就能了解集体幻觉的作用机制：一方面，我们看到的是一个满怀期待的群体，另一方面是值勤士兵发现海上有遇难船只发出的信号这样一个暗示，在互相传染的过程中，所有官兵都接受了这一暗示。

歪曲真实发生的事情，无关的幻觉代替了真相——群体中出现这种情况，不一定要有很多人。只需几个人集合在一起就能组成一个群体，尽管他们都是博学之士，但他们仍然会抛弃专长，表现出群体的所有特点。群体中的所有人很快就会丧失原本具有的观察力和批判精神，针对这个问题，一位敏锐的心理学家达维先生为我们提供了一个非常有趣的例子，这件事在最近出版的

《心理学年鉴》中也有提及。达维先生召集了一群出色的观察家，其中包括英国最著名的科学家之一华莱士先生，然后让他们一一检查目标物，并按照各自的意愿做上标记，然后在他们面前演示了所谓的招魂术：显灵，并让观察家们自己把看到的一切记录下来。结果，这些出色的观察家得出了一致的结论：他们只能用超自然的手段解释观察到的现象。达维先生向观察家们表示，这只不过是最简单的骗术产生的结果。"这是达维先生的研究中最让人感到惊讶的一点"，这份文献的作者说，"是外行目击者所提供的报告极端虚假，而不是骗术本身很神奇"。很显然，众多目击者同时列举出了一些完全错误的条件关系，所以，如果他们的描述是正确的，那么就不能用骗术来解释他们所描述的现象。达维先生发明的方法十分简单，人们感到非常吃惊的是他竟敢采用这些方法，但是他具备支配群体头脑的能力，他能让群体相信，他们看到了自己并没有看到的事情。这里我们遇到的依旧是催眠师对于被催眠者的影响力。由此可见，连对那些头脑特别谨慎，事先就要求其持怀疑态度的人，

▲ 正像在梦和神经症中一样，在一个群体的心理活动中，检验事物真实性的功能较之有其情感贯注的愿望冲动的力量，变得微乎其微了。

★ 弗洛伊德

这种能力都可以发挥作用，那么，对于它轻易就能蒙骗普通群体，也就没有什么可奇怪的了。

与此相似的例子还有很多。当我写下这些例子的时候，报纸上到处都是关于两个小女孩在塞纳河溺水身亡的报道。五六个目击者非常肯定地说，他们认出了这两个孩子，所有证词完全一致，迫使预审法官不再有任何怀疑，签署了死亡证明。但就在为孩子举行葬礼时，一个偶然事件让人们发现，这两个孩子原来还活着，并且和溺水而亡的人之间毫无相似之处。就像前面列举过的"波索号"事件一样，第一个目击者本身就是幻觉的牺牲品，他的证词足以传染给其他目击者。

在这些事件中，暗示的起点一般都是某个人头脑中存在的模糊记忆所产生的幻觉，当这一最初的幻觉被肯定了以后，就会引起互相传染。假如第一个观察者特别没有主见，相信自己已经辨认出的尸体，有时会出现一些特征（不包括某些真实的相似之处），比如一块伤疤，或是一些让其他人产生同感的穿着上的细节，由此产生的同感在肯定过程中会变成一个核心，理解力会被它征服，判断力也会因它而窒息。观察者这时看到的已经不是客体本身，而是他头脑中产生的幻觉。下面这个曾经被报纸登载过的案例可以很好地解释这一现象，在这个案例中，母亲认错了自己孩子尸体，你可以从中找到我刚刚已指出其作用的两种暗示。

另一个孩子认出了这个孩子，但实际上他弄错了，然后没有根据的辨认过程又开始了。接着发生了一件令人吃惊的事：在同学辨认完尸体的第二天，一个妇女来到现场喊道："天哪，那是我的孩子。"

她走近尸体，看看他的衣服，又看看他额头上的伤疤，说道："这肯定是我儿子，他去年七月失踪了，一定是被人拐走杀害了。"

这女人姓夏凡德雷，是福尔街的看门人。她把她的表弟也叫来了，问到他时，他说："那是小费利贝。"住在这条街上的好几个人，其中包括孩子的同学，也认定这个在拉弗莱特找到的孩子就是费利贝·夏凡德雷，依据是那孩子佩带的一枚徽章。

但是，表弟、同学、邻居和当妈的全都搞错了。六周后那孩子的身份得到了确认：他是波尔多人，在那里被人杀害，一伙人又把他运到了巴黎。

应当说，会误认的往往就是妇女和儿童这些最没有主见的人。同时他们也向我们表明，在法庭上这种目击者会有什么样的价值，特别是儿童，绝不能拿他们的证词当真。地方长官经常说童言无忌，可哪怕他们只懂一点基本的心理学就会知道，事实恰恰相反，儿童一直就在撒谎。尽管这种谎言很无辜，但它依旧是谎言。正如如我们所熟知的那样，如果被告的命运取决于孩子的证词，还不如靠扔钱币来得合理。

接着说群体的观察力这个问题。我们的结论是，这种集体观察很多时候都是错的，它所表达出的大多是在传染过程中影响着同伴的个人幻觉。

有很多证据可以证明，群体的证词是非常不可靠的，甚至有时能达到叹为观止的程度。25年前的色当战役^①中，有数千人参加了著名的骑兵进攻，但如果你听取那些目击者们的互相矛盾的证词，就永远都不能确定这场战役的指挥者到底是谁。英国将军沃尔斯利爵士在近期的一本著作中证明，关于滑铁卢战役中一些最关键的事件，直到今天一直有人在犯下最严重的事实错误——这些事实能找到数百个证人加以证明。大家知道这场战役是如何发生的吗？我对此深表怀疑。我们知道侵略者是谁，也知道被侵略者是谁，但仅此而已。德哈考特先生在他亲眼目睹并参与过的索尔费里诺战役^②中所说的一席话，可能也适应于一切战役："将军们（当然是在了解了数百位目击者以后）提出他们的官方报告；勤务官对这些文件进行修改，让表述变得更明确；参谋长提出反对意见并在新的基础上重写一遍。随后它被送到元帅那里，结果元帅看完后说：'你们全搞错了'，于是他用一份新文件取而代之。而原来报告中的内容已经所剩无几。"德哈考特提到这个事实，是想告诉我们，即使是那些给人留下了深刻的印象、观察最充分的事件，其真相也未必就是我们知道的那样。

这些事实向我们证明，群体证词基本上没有任何价值。一般情况下，探讨逻辑学的文章都要经过无数证人进行证实，因此属

---

① 发生于普法战争时期，在这场战争中，普军俘虏了法国皇帝拿破仑三世及其部队，对普法战争中普鲁士及其盟军的胜利起到了决定性作用。——译者注
② 意大利统一战争中的一次决定性战役。——译者注

于可以用作支持事实准确性的最强有力的证据。然而群体心理学的知识让我们明白，事实上，讨论逻辑的文章很有必要重写。那些被严重扭曲的事件，必定是那些目击者人数众多的事件，而如果一件事同时被数以千计的目击者所证实，通常也说明这些公认的记述与真相大相径庭了。

由从上述情况我们可以得出结论，史学著作大多是由凭空幻想产生的，它们是对观察有误的事实所做的没有根据的记录，同时还夹杂着一些对结果的解释；写这样的东西完全是在浪费时间。如果历史没有给我们留下它的艺术、文学和不朽之作，我们便无从得知以往时代的真相。关于赫拉克利特、释迦牟尼释或穆罕默等在人类历史上有过巨大作用的伟大人物的生平，我们能找到一句客观真实的记录吗？甚至连一句也没有。不过实话实说，他们的真实生平对我们也不是那么重要，因为群体想要的，是我们的伟人在大众神话中的形象，让群体为之感动的是神话中的英雄，而不是一时的真实英雄。

可惜的是，神话虽然被著书立说详细记载，但它们本身却无持久性可言。岁月匆

1 如果我们在集体恐惧的意义上使用"恐慌"一词，我们就可以确定意义深远的类似性。

★ 弗洛伊德

2 耶和华是一个表示上帝的概念，包含处于尚未分裂状态之中的对立面。

★ 荣格

匆，特别是由于种族的缘故，群体的想象力在不停地改变着它们。《旧约全书》中那个嗜血成性的耶和华与圣德肋撒①爱的上帝有天壤之别，在中国受到膜拜的佛祖，与印度人所供奉的佛祖也没有什么共同点。

群体的想象力使英雄的神话发生了变化，英雄远离我们而去不再需要数百年的时间；转变经常就发生在几年之内。我们在自己这个时代便能发现，历史上某个伟人的神话，在不到50年的时间里被更改了数次：在波旁家族统治的年代里，拿破仑是卑贱者的朋友，田园派和自由主义的慈善家。在诗人们的想象中，他注定会在乡村人民的记忆之中永久留存。可是，这个和蔼的英雄在30年后，又变成了一个残暴嗜杀的暴君，他为了篡夺权力毁灭了自由，之后又为了满足一己私欲而让300万人丧失生命。现在，我们发现这个神话又在发生改变了。数千年之后，如果这些难以自圆其说的记载让未来的博学之士看到，他们一定会像我们现在怀疑释迦摩尼的真实性那样怀疑这位英雄是否真正存在过。关于拿破仑，他们只能看到一个光彩

▲英雄神话发展到顶点就是英雄的神圣化。
　　★ 弗洛伊德

----

① 法国著名的天主教修女。——译者注

照人的神话或一部赫拉克利特式传奇的演变。但面对这种缺乏准确性的情况，毫无疑问，他们会觉得很正常，因为与我们相比，他们更理解群体的特点和心理。他们明白，历史只能保存神话，除此之外，几乎无法保存任何其他记忆。

3.群体情绪中的夸张与单纯

不管群体表现出来的感情是好是坏，其最明显的特点就是特别简单而夸张。就像很多其他方面一样，群体中的个人在这方面与原始人非常相似，因为在他们眼里事情就是一个整体，他没有作细致区分的能力，看不清它们中间的过渡状态。群体情绪的夸张也被另一个事实强化，即无论什么感情，一旦它表现出来，通过暗示和传染过程而极其快速的传播，它所明确赞扬的目标就会实力大增。

群体情绪的简单和夸张导致群体不知道什么叫怀疑和不确定。它会像女人一样，瞬间便陷入极端，将怀疑一说出口，立刻就会变成不容置疑的证据。如果孤立的个人反对什么或对什么心生厌恶，那不会产生太大的力量，但是如果这一切是发生在群体中的个人身上，他马上就会暴跳如雷。

尤其是在异质性群体中间，群体感情的狂暴会因责任感的快速减弱而强化。因为意识到肯定不会受到惩罚（而且人数越多，这一点就越肯定），以及人数众多而瞬间产生的力量感，群体会表现某些出比孤立的个人更强烈的情绪和行动。在群体之间，低能儿、傻瓜和心怀妒忌的人不会再觉得自己卑微无能，同时还会突发出一种短暂、残忍但又巨大的力量。

悲哀的是，群体常常把这种夸张的倾向用在一些恶劣的感情上。这些恶劣的情感源自原始人的本能隔代遗传的遗留，孤立而负责的个人因为害怕受罚，往往会选择约束这些情感，而群体则很容易就能做出最恶劣的极端勾当。

然而，这并不代表在某些巧妙的影响之下，群体不会表现出献身精神、英雄主义或最崇高的美德，他们甚至比孤立的个人更能够体现出这些品质。这个问题我们会在学习群体的道德时再来讨论。

由于群体善于把自己的感情夸大，所以只有极端的感情才能打动它。想要感动群体的演说家，必须出言无状，指天誓日，而演说家常用于公众集会上的演说技巧则包括：穿凿附会、言过其实、反复游说，绝对不以说理的方式证明任何事情等等。

更确切地说，群体对于他们自己所推崇的英雄的感情，同样会做出类似的夸张。群体总是把英雄所代表的品质和美德夸大；早就有人明确地指出，观众会希望舞台上的英雄具有现实生活中不可能存在的勇气、道德和美好品质。

已经有人正确认识到了在剧场里观察事物时所需的特殊立场的重要性。这种立场确实是存在的，但是它的原则与逻辑、常识基本上没有任何相似之处，尽管打动观众的艺术普遍品位不高，不过这的确也需要特殊的才能。几乎没有人能通过阅读剧本就断定一出戏的成功。一般来说，剧院经理在接受一部戏之前，也并不知道它能否取得成功，因为假如想对这事做出判断，他们必须有能力把自己变成观众。正因如此，一些被所有剧院经理拒之门外的作品，往往会在偶然被搬上舞台之后大获成功，也就没什么难以理解的了。大家都知道道科佩的《为了荣誉》最近声名鹊起，可尽管作者本人很有名望，但这个剧本在过去10年里一直被巴黎主要歌剧院的经理拒之门外。另外，曾被所有剧院拒绝过的《夏莱的姨妈》，最后也是因为一个股票商的出资才能够与大家见面，结果，它在法国演出了200多场，在伦敦演出了1000多场。如果不做上面的理解，即剧院经理不可能代替观众，我们便无法解释这些既有资格又十分谨慎的人为什么会判断失误。这里，我不便对这个话题详加讨论，但是，如果熟悉剧院生活的作家也是个细心的心理学家，这个问题倒是值得他好好考虑一下。

这里我们可以进一步的解释来证明种族因素具有压倒性的影响。一部歌剧之所以能在某国掀起热潮，但在其他国家却只是反响平平，就是因为它不具有作用于另外一些公众的影响力。

群体的夸张倾向对智力没有任何作用，仅作用于感情，关于这一点无须赘述。我已经指出，个人一旦成为群体的一员，他的智力水平马上就会大大下降。塔尔德先生是一位有学问的官员，他在研究群体犯罪时也证明了这一点。群体只能够把感情提升到或是极高，或是极低的境界。

4.群体的偏执、专横和保守

群体只懂得极端而简单的感情：面对不同的意见、信念和想在此我们必须发问：我是否拥有任何宗教体验、拥有与上帝的直接关联，从而获得一种确然性，使我做为个体免于消融于群众之中？

★ 荣格

法，他们要么全部拒绝，要么全盘接受；不是将其当成绝对真理，就是当成绝对谬论。用暗示的方法加以诱导但不是做出合理解释的信念，古来有之。而与宗教信仰有关的偏执及其对人们的头脑实行的专制统治也早就为人们所熟知了。

因为真理与谬误不容混淆，再加上清楚地认识到自身的强大，群体便为自己的理想和偏执加上了专横的特点。群体绝对不会像个人一样承认矛盾的存在，也不会通过讨论解决问题。在公共集会上，哪怕演说者只进行最轻微的反驳，马上就会引来怒吼和粗野的叫骂。在一片嘘声和驱逐声中，演说者很快会被驱赶下台。而如果现场没有当权者的代表这种约束性因素存在，反驳者甚至经常会被打死。

专横和偏执是所有不同种类的群体的共性，其强度各有不同，在这个方面，支配人们感情和思想的基本的种族观念，会再次表现出来。特别是在拉丁民族的群体中，我们可以看到专横和偏执几乎发展到了登峰造极的地步。实际上，这两种态度在拉丁民族群体中的发展，已经彻底打破了盎格鲁-撒克逊人①所具有的那种强烈的个人感情。拉丁民族的群体只关心他们所属宗派的集体独立性，认为应该让那些与他们持不同意见的人马上抛弃自己的信念，这是他们对独立性的独特见解。在各拉丁民族中，从宗教法庭时代至今，各个时期的雅各宾派对自由始终只有一种理解。

专横和偏执是群体有着明确认识的感情，他们不难产生这种感情，而且只要有人在他们当中带动起这种情绪，他们随时都会将其变为现实。群体对强权俯首听命，几乎不会为仁慈心肠所动，他们觉得那是软弱可欺的另一种表现。他们的同情心从来也不听从于作风温和的主子，而是只低头于严厉欺压他们的暴君，他们总是为这种人塑造最壮观的雕像。不错，他们喜欢践踏被他们剥夺了权力的专制者，但那是因为在失势之后他也变成了平民百姓，因为他不再让人害怕，所以他会受到蔑视。群体心目中的英雄，永远像恺撒一样，他们被他的权杖所吸引，因他的权力而恐惧，因他的利剑而敬畏。

群体面对软弱的人可随时发起反抗，但面对强权却又低声下气。假如强权时断时续，而群体又被极端情绪所左右，他们就会表现得出尔反尔，一会儿为非作歹，一会儿又阿谀奉承。

然而，如果以为群体中的革命本能占据的是主导地位，那就完全误读了他们的心理，而我们之所以会犯这种错误是他们的暴力倾向造成的。群体爆发反叛和破坏行为的时间总是十分短暂，因为他们在很大程度上受无意识因素的支配，会轻易服从于世俗

---

① 通常指5世纪初到1066年诺曼底征服之前，生活在大不列颠东部和南部地区，使用近似的日耳曼方言，种族上也十分相近的民族。——译者注

的等级制，所以难免十分保守，只要对它们不闻不问，它们很快就会厌倦这种混乱，依本能变成奴才。当拿破仑压制了一切自由，让每个人都对他的铁腕感到切肤之痛时，令人惊讶的事情发生了：那些最傲慢不羁的雅各宾党人向他发出了欢呼。

如果想理解历史，特别是民众的革命，就必须研究群体的深刻的保守本能。不错，他们也许愿意改朝换代，为了取得这种变革，他们有时也会发动暴力革命，然而旧制度反映出的是种族对等级制的需要，所以依然能够得到种族的服从。群体的多变，只能作用于一些很表面的事情。其实他们就跟原始人一样，有着牢不可破的保守本能。它们对一切传统有着绝对意义上的崇敬与迷恋；所有可能改变自身生活基本状态的新事物都会诱发他们无意识的却又发自内心的恐惧。如果在发明纺织机或出现蒸汽机和铁路的时代，民主派已经掌握了他们今天所拥有的权力，那这些发明根本就不可能实现，就算实现至少也要付出不断杀戮和革命的代价。幸好，群体掌握权力这件事发生在只是在伟大的科学发明和工业出现之后，对于文明的进

> ◢ 勒庞描述的一些特征清楚地表明，集体的心理与原始人的心理之间的一致性具有十分充足的理由。
> ★ 荣格

步来说，这绝对值得庆幸。

5.群体的道德

如果"道德"一词代表的是不断克制私心的冲动，持久地尊重一定的社会习俗，那么显然，既多变又容易冲动的群体就不可能是道德的。反之，假如我们把舍身忘我、无私奉献、不计名利、追求平等也算作"道德"的内容，那么可以说，群体常常会表现出很高的道德境界。

少数心理学家只把群体的犯罪行为作为研究重点，在发现这种行为经常发生后，他们总结到，群体的道德水平非常低劣。

那么，为什么在群体中会经常发生犯罪行为呢？因为我们自原始时代继承而来的破坏性和野蛮的本能潜伏在我们每个人的身上，具有这种本能的孤立个人固然十分危险，但是，当他进入一个不负责任的群体时，因为知道不会被处罚，这种本能便会得到更加彻底的释放。在生活中，因为不能将这种破坏性本能发泄在自己的同胞身上，于是我们便把它发泄了在动物身上，群体在参与集体捕猎时所表现出的热情与凶残就源自于这里。没有反抗能力的牺牲者被群体慢慢

道理隶属于心理动力范畴，通常叫做主观，并被看成是纯粹的个人的事情。但是这样想，便会"误入歧途"。这个时候，我们便无法区分，这种表述到底只是个人动机驱使下的孤岛，还是群体动机驱动下的群岛。

★ 荣格

杀死，呈现出的是一种特别柔弱的残忍，但在哲学家看来，这种残忍与猎人们聚集成群用猎犬追捕和杀死一只不幸的鹿时所表现出的残忍，简直是异曲同工。

群体可能作恶多端，但是也能表现出舍身忘我、无私奉献、不计名利等特别伟大的言行，而这些崇高的行为是孤立的个人完全做不到的。当群体以名誉、光荣和爱国主义的名义发出号召时，最容易受到影响的就是群体中的个人，他甚至愿意为此而付出生命，如1793年的志愿者和十字军远征那样的事例，历史上极其常见。不计名利和勇于献身的精神只有集体能够表现出来，群体会为了连自己都不甚了解的信仰、言语和观念，就英勇地面对死亡，这样的事例简直不胜枚举！就拿那些不断举行示威的人群来说，他们这样做更有可能是为了听命于一道命令，而不只是为了增加一点养家糊口的薪酬。对于孤立的个人来说，他的所有行为几乎只有一个目的那就是私人利益，但这很难成为群体的强大动力。在以群体的智力无法理解的多次战争中，私人利益很难支配群体——在这种战争中，他们就像被猎人催眠的小鸟一样，心甘情愿地面对屠杀。

哪怕是一群十恶不赦的坏蛋，有时也会表现得很注重道德纪律，究其原因，只因为他们也是群体中的一员。泰纳提醒人们注意这样一个事实："九月惨案"[①]中，罪犯将从受害者身上找到的钱包、钻石等很容易就能拿走的贵重物品放在了会议桌上。

---

① 1792年9月，巴黎的群众冲进监狱，杀死了大批被囚禁的贵族和僧侣，史称"九月惨案"。——译者注

1848年革命期间，攻占了杜伊勒里宫的群众，并没有碰那些让他们兴奋不已的物品，而其中不管哪件都抵得上他们多日的生活所需。

群体对个人的这种道德净化作用虽然不是一种必然现象，但也时常可见。甚至在我刚刚提到的那些严重的环境之外，也是可以看到的。我在前面说过，剧院里的观众要求作品中的英雄有着不合常理的美德，我们常常可以看到，即使某些人品质恶劣，在集会中也会表现得道貌岸然；而某些放浪形骸、举止粗鲁、甚至是拉皮条为生的人，当身处有些敏感的场合或谈话中时，也常常不会再大吵大嚷，尽管与他们习惯了的场合相比，这种场合不会带来太多的伤害。

尽管群体经常放纵自己低劣的本能，但同时也树立了很多崇高道德行为的楷模。如果不求名利、顺从和对真实或虚幻的理想无私奉献，这些都可称得上是美德，那么，我们说，群体的确经常具备这种美德，而且就其水平来说，连最聪明的哲学家也无法企及。群体显然是在无意识地实践着这些美德，然而这不会有碍大局，我们无权对群体

> ◢ 勒庞自己也曾打算承认：在某种场合，一个集体的品格要高于构成它的那些个人的品格；而且，唯有集体才能产生高度的无私和献身精神。
> ★ 弗罗伊德

吹毛求疵，责备他们不善于动脑，经常会被无意识因素的操纵，要知道，在某些时候，如果他们真的开动脑筋考虑起自己的当前利益，那我们这个地球上就不会有文明的存在，人类也不会有自己的历史了。

第三章
群体的观念、理性与想象力

群体的观念

在《民族心理学》一书中，我们在研究群体观念对各国发展的影响时曾经讲到，每一种文明都是由为数不多的几个基本观念形成的，而且这些观念极少进行革新。我们讲明了对群体来说这些观念是多么坚不可摧，想要影响它是多么困难，以及一旦这些观念得到落实后会具备的力量，最后也指出，如果这些基本观念发生改变就会造成历史大动荡。

鉴于这个问题已经被用大量篇幅深入探讨过，这里我就不再多加赘述，现在我只想简单谈谈群体可以接受的观念，以及他们怎么去领会这些观念。

这些观念可以分为两种：第一种观念只会让个人或某种理论迷恋一时，它们会随着环境的改变而发生变化；第二种是基本观念，它们因为遗传规律、环境和公众意见而具有很大的稳定性。

我们以前接触到的的宗教观念，以及现在的民主和社会主义观念，都属于这类观念。

现在，曾经被我们的父辈奉若珍宝的那些基本观念，正处于风雨飘摇之中，它们丧失了基本的稳定性，连建于其上的制度也不能幸免。与之形成对比的是我们提到过的第一种观念：它们每天都在大量繁衍，但是据观察，它们极少具有生命力，其影响力也很难持久。

凡是能影响群体的思想，必须具有不容妥协、绝对性和简洁明了等特征，因此，它们只有先披上形象化的外衣，才能被群众所接纳。这些形象化的观念之间没有任何逻辑上的连续性或相似性，它们就像一张又一张从幻灯机中取出的幻灯片一样，是可以相互代替的。由此我们便可知为什么最矛盾的观念反而会在群体中很流行，因为随着时机转变，群体会处在他们理解力所及的不同观念的影响之下，所以能够做出许多前后矛盾的事情，再加上群体完全没有批判精神，所以也无法察觉这些矛盾。

这种现象并不是只发生在群体身上，我们在野蛮人，许多孤立的个人，智力和原

在集体中，截然相抵触的观点可以比肩而立，可以相互宽容，它们的逻辑矛盾不会造成任何冲突。
★ 弗洛伊德

始人相似的所有人，如宗教信仰上的狂热宗派成员身上都能看到这种现象。我以前曾在一些拿着欧洲大学文凭，有修养的印度人身上也看到过这种现象，这似乎很不可思议。究其原因，是因为在他们固有的、基本的传统观念或社会观念之上还附着着一些西方观念，随着场合的改变，不同的观念会伴之以相应的言谈举止显现出来，这会让同一个人显得特别矛盾。可是，与其说这些矛盾真正存在，倒不如说这只是一种表面现象来得准确，因为，只有代代相传的观念才能对孤立的个人产生极大影响，并转化为他的行为动机。因此，我们说，只有当一个人由于不同种族的通婚而处在不一样的传统倾向中时，他才会不时地作出截然相反的行为。尽管就心理学的研究来说，这些现象非常重要，但在这里纠缠它们毫无意义，如果你真的想理解他们，那我建议你至少要花上10年的时间周游各地进行观察才能有所收获。

　　只有简洁明了的东西，才更容易为群体所接受，而若要变得容易接受，观念就必须经过一番全盘改造。尤其当我们面对的是有些晦涩、高深的科学观念或哲学时，更是如

　　◤情绪冲动越是简单粗陋，越适于在群体中扩散。

　　★ 弗洛伊德

此。它们为了与群体低劣的智力水平相匹配，需要进行非常深刻的改造，具体改造程度要视群体或群体所属的种族的性质所定，但大多数时候都趋向于观念的简单化和低俗化。这说明，从社会的角度来看，现实中几乎没有观念的等级制，换句话说，现实中的观念几乎不存在什么高下之分。无论什么观念，不管它刚一出现时多么正确或伟大，只要它的那些伟大或高深的成分进入了群体的智力范围并影响了它们，就会被剥夺得一干二净。

然而从社会的角度来看，一种观念的等级价值在于它所产生的效果，至于它的固有价值其实并不重要。18世纪的民主观念，中世纪的基督教观念，或是今天的社会主义观念，不仅算不上十分高明，而且如果从哲学的角度来看，它们顶多算是有一些值得惋惜，但是它们的威力却极其强大，而且可以肯定，在未来很长一段时间里，它们一定会成为决定各国行动的最基本因素。

哪怕一种观念已经经历了全盘改造，达到了群体可以接受的程度，它也必须首先进入无意识领域，转变成一种情感（这需要漫长的过程）才会产生影响，我们将在下文中讨论其中涉及的各种过程。

千万不要以为，一种观念仅仅因为它正确，便能对有教养者的头脑产生影响，你只需看一下最准确的证据对大多数人的影响是多么得微乎其微，就能很快明白这一事实。也许有教养的人能够接纳非常明显的证据，但是信徒的无意识的自我会立刻将他重新带回原来的观点之中，于是，很快人们就发现他又开始老调重弹，又开始用同样的话复述他过去的证明。事实上他仍无法摆脱以往观念的影响，它们已经演变成了一种情感，并且一直都影响着我们的行为动机，群体中的情况也是如此。

如果观念终于以不同的方式在群体的头脑之中扎根并产生了一系列效果，此时，再和它对抗就无济于事了。那些引发法国大革命的哲学观念，用了大约一个世纪才在群众的心中扎根，而一旦它们变得坚不可摧，其不可抗拒的威力也是众所周知的：整个民族对抽象的权利和理想主义自由，以及社会平等的不懈追求，让所有的王室陷入风雨飘摇之中，整个西方世界也因此动荡不安。各国在20年的时间里内战频仍，欧洲甚至发生了连成吉思汗看了也会为之胆寒的大屠杀，因为一种观念在世界范围内的传播而引起如此大规模的悲剧性后果，此前简直是闻所未闻。

观念要历经很长的时间才能在群众的头脑中扎下根，若想拔除它，同样也需要很长的时间。因此，就观念而言，群体总是比博学之士和哲学家要落后好几代人。今天所有的政治家都对我刚才提到的那些基本观念中混杂着错误这件事心知肚明，然而因为这些观念的影响力仍非常强大，所以他们也必须根据自己已经不再相信的真理中的原则继续统治下去。

群体的理性

如果说群体根本不具备理性或不受理性的影响，这未免太过绝对了。

但是，鉴于对它产生影响的论证及它所接受的论证，就逻辑上来说十分低劣，所以称它们为推理，也只能算是一种比喻。

群体低劣的推理能力与高级的推理一样，需要借助于观念，只不过，群体所采用的各种观念之间只有表层的相似性或连续性。群体的推理方式跟爱斯基摩人的方式很相似，依据他们的经验，冰这种透明物质放进嘴里就能够融化，由此便推断出同样属于透明物质的玻璃，放在嘴里也会融化；他们与一些野蛮人也很类似，认为把勇猛对手的心脏吃掉，便能够得到他的胆量；或是像某些出苦力的人，一旦受到雇主的剥削，就认为全天下的雇主都剥削了他们。

将只有表面相似，实则彼此不同的事物混为一谈，并将具体的事物立即普通化，是群体推理的一大特征。而那些懂得如何操控群体的人提供给群体的也正是这种论证，这是能够影响群体的唯一论证。群体无法理解那些包含一系列环节的逻辑论证，或者干脆可以说，他们并不进行推理或只会错误地推理，也没有什么逻辑推理过程能影响得了他们。如果你看一下某些在听众中引起极大反响的演说词，会轻而易举地找到其中的破绽，但不要忘了，它们是用来说服群体的，并不是让哲学家阅读的。如果同群体来往密切的演说家，能在群众中为自己树立起有诱惑力的形象，就圆满达成了自己的目的。要知道，对群体来说，滔滔不绝的20本的长篇论证（认真思考的产物）远不如几句有号召力的话管用。

群体没有推理能力，自然也表现不出任何批判精神，也就是说，它不能对任何事物形成正确的判断或辨别真伪，关于这一点已无需过多阐述。群体所能接受的是强加给他们的判断，而绝不会是那些经过讨论后得出的判断。就这方面来说，很多个人也没比群体高明到哪里去，因为大多数人感到，他们不可能根据自己的推理形成自己的独特看法，所以有些意见很容易就得到了普遍赞同。

▲虽然我们的智识已经取得最为杰出的成就，但是与此同时，我们的精神家园却陷入了年久失修的状态。

★ 荣格

群体的想象力

群体形象化的想象力正如缺乏推理能力的人一样，强大、活跃，而又异常敏感，一件事、一个人或一次事故映射在他们头脑中的形象，全都活灵活现。从某种意义上来说，群体就如同睡眠中的人，其理性已被暂时悬置，所以大脑中能产生出极为鲜明的形象，而一旦他能开始思考，这种形象便随之迅速消失了。因为群体不具备思考和推理能力，所以觉得世上的每件事都是可以做到的，在他们的正常思维中，最不可能的事情才会最惊人，这也是他们总是对某个事件中不寻常的、传奇式的一面印象深刻的原因。事实上，如果我们对一种文明进行分析便会发现，它赖以生存的真正基础，正是那些神奇的、传奇般的内容。在历史上，就重要性上来说，表象总是胜过比真相，不现实的因素总是强过比现实的因素。

群体只会进行形象思维，也只会被形象所打动。这些或是吸引或是吓住群体的形象，最终也成为群体的行为动机。

因此，最能绘声绘色反映人物形象的戏剧表演，对群体总是影响巨大。在罗马民众看来，宏大壮观的表演和面包就是他们的幸福理想，除此之外别无所求，这种理想已经延续了数个时代。在对各种群体的想象力起作用的戏剧表演中，所有观众同时体验着同样的感情，这些感情之所以没能马上变成行动，不过是因为即使最无意识的观众也会认识到，他只不过是个幻觉的牺牲品，他的泪水与笑声，都来自于那个想象出来的出人意料的故事。然而有时因为形象的暗示而产生的感情实在过于强烈，所以也会像暗示通常所起的作用一样，倾向于变成行动，我们经常会听到这类故事：为了避免某个演员在离开剧院时受到愤怒的观众的暴力攻击，剧院经理不得不为他提供特殊保护，而这一切仅仅是因为这个演员在某部令人情绪低落的戏剧中扮演了叛徒，哪怕那些恶行都是想象出来的。借此我们看到的是被施加了最显著的影响的群体心理状态，对他们来说，虚幻的因素能产生的影响同现实一样大，很明显，他们对二者几乎不加区分。

侵略者的权力和国家的威力便是以群体想象力为基础而建立的。如果领导的对象是群体，就更要在这种想象力上猛下功夫。要知道，所有重大的历史事件，如基督教、伊斯兰教和佛教的兴起，法国大革命、宗教改革及我们这个时代社会主义的崛起，都是对群体的想象力施加强烈影响后所产生的直接或间接的后果。

除此以外，无论何时，群众的想象力都始终被包括在最专横的暴君之内的，所有国家的政客们视作权力的基础，他们从未设想过要通过与它作对而进行统治。拿破仑曾对国会这样说："通过变成一个穆斯林教徒，我在埃及站住了脚；通过改革天主教，我终止了旺代战争①；通过成为一名信奉教皇至上的人，我赢得了意大利神父的支持。假如将一个犹太人的国家交由我来统治，我就会重修所罗门的神庙。"自从亚历山大和恺撒以来，没有任何一个伟大的人物敢忽视群众的想象力，他们始终都专注于如何更强烈地作用于这种想象力。在屠杀时，在胜利时，在演说时，在自己的所有行动中，哪怕是弥留之际，他们依然始终铭记这一点，不敢有丝毫忘怀。

那要如何对群众的想象力施加影响呢？我们说，要想掌握这种本领，绝不能靠智力或推理，或者换一种说法，就是绝对不可以采用论证的方式。安东尼在号召民众声讨杀害凯撒的凶手时，就并没有运用什么机智的说理，而是手指恺撒的尸体，让民众意识到他的决心。

▲人类社会是权威的行使者，个人对它的惩罚感到恐惧，因此甘受如此多的抑制。
　　★ 弗洛伊德

---

① 法国大革命期间以法国西部旺代省为中心爆发的保王党反革命叛乱。——译者注

不管能刺激群众想象力的究竟是什么，其形式必然都是令人印象深刻的鲜明形象，或是伴随着几个不同寻常的、神奇的事例，总之不会附加任何多余的解释。这些事例一定要是某一个大奇迹、一场伟大的胜利或大罪恶，它必须被摆在作为一个整体的群众面前，其来源则要秘而不宣。即使发生上千次小罪恶或小事件，也不会对群众的想象力有什么影响，而一个大罪恶或大事件却正好相反，哪怕其危害与小罪相比不知要小多少倍，也依然会让群众印象深刻。就在几年前，巴黎的流行性感冒夺去了5000人的生命，但它几乎没对民众的想象力产生丝毫影响。其原因就是，民众是通过每周发布的统计信息了解到这一事实的，它并没有以某个生动的形象表现出来。与之相反，哪怕死亡人数是500而不是5000，但是却是在一天之中发生在公众面前的，那么这也是一次非常引人注目的事件，比如说是如果埃菲尔铁塔突然倒塌，就会对群众的想象力产生重大影响。还有，如果因得不到相关的消息，人们猜测一艘穿越大西洋的汽轮也许已经沉没，那么这件事对群众的影响力能持续一周之久。但是据官方的统计表明，仅仅1894年一年，失事的船只就多达850条、汽轮203艘，从造成的生命和财产损失来讲，它们远比那次大西洋航线上的失事厉害得多，而群众却从不会关心这些不连续的失事。

影响民众想象力的，是事件发生和引起注意的方式而并不是事实本身。要我说，事件要想形成一种令人张目结舌的惊人形象，必须进行浓缩加工。懂得用什么方式去影响群众的想象力，也就掌握了统治他们的艺术。

第四章
群体信仰采取的宗教形式

我们已经证实，群体从来不进行推理，他对观念只有两种态度：要么完全拒绝，要么全盘接受；如果一种暗示对群体产生了影响，就会使他的理解力完全臣服，并倾向于立即付诸行动。我们还证实，只要给予群体恰当的影响，他就会为自己所信奉的理想奉献生命，同时我们也看到，他只会产生极端而狂暴的情绪，同情心会迅速会膨胀成崇拜，一旦心生厌恶，就几乎立即会变为仇恨。这些都为我们揭示了群体信念的性质。

如果更进一步研究这些观念，必然还会发现，无论是18世纪的政治大动荡还是狂热的宗教信仰，它们总是采取一种特殊的形式，我只能把它称为宗教感情，除此之外再没有更好的称呼。

这种感情的特点非常简单，如对生命赖以生存的某种力量的畏惧，对想象中某个身居高位者的崇拜，盲目听从他的号令，对其信条深信不疑，宣扬这种信条的愿望，视所有不接受它们的人为敌。不管与这种感情相关联的是一根木头，一个石像，一个看不见的上帝，还是某个英雄或政治观念，只要它具有以上特点，便具有宗教的本质。我们可以发现，这种情感还会表现出神秘和超自然的因素，而群体会下意识地将某种神秘的力量同一时激起他们热情的领袖或政治信条划上等号。

如果一个人只崇拜某个神，他还不算有虔诚的信仰，只有当他把自己全部自愿的服从行为、思想资源、发自肺腑的幻想热情，统统奉献给一个人或一项事业，并以此为自己全部思想和行动的目标与准绳时，才能算是一个虔诚的人。

偏执与妄想与宗教感情如影随形，凡是自信通晓现世或来世幸福机密的人，一定具有这种特征。当聚集在一起的人们受到某些特定信念的激励时，你一定会在他们身上看到这两种表现。恐怖统治时代的雅各宾党人，本质上就像宗教法庭时代的天主教徒一样虔诚，而这种虔诚同时也是他们残暴激情的来源。

残忍的偏执、盲目服从及狂热的宣传等这些宗教感情所特有的特点普遍存在于群体的信念之中，所以，可以说，他们的所有信念都具有宗教的特征。受到某个群体拥护的英雄，就是这个群体心目中真正的神。拿破仑当了15年的神，一个比其他所有神都更频繁地受到崇拜，能让人轻言生死的神，其对处在他们掌控中的头脑的统治程度，就连异教徒的神和基督教的神也无法比拟。

所有政治信条或宗教的创立者能够站稳脚跟的原因，就在于他们彻底地激起了群众不切实际的感情，让群众在盲目的服从和崇拜中，找到了自己的幸福，随时准备为自己的偶像奉献一切。

这在任何时代都无一例外。在论述罗马高卢人的杰作中，德·库朗热明确指出，维持着罗马帝国的一直都是它所激发出的一种虔诚的赞美之情，而不是武力。他明确地指出，"民众极度憎恶的一种统治形式，竟能维持了五个世纪之久，这在世界史上绝无仅有……帝国中区区30个军团，怎么就能让一亿人俯首听命，这简直无法想象。"其实，他们服从的原因在于，罗马伟业的人格化象征就是皇帝，全体人民将其奉若神明就像崇拜神一样。在他的领土之内，连最小的城镇都设有膜拜皇帝的祭坛。"当时，一种新宗教在帝国四处兴起，这种宗教中的神就是皇帝本人。在基督教出现之前的很多年里，60座城市所代表的整个高卢地区，都建起了和里昂城附近的庙宇类似的纪念奥古斯都皇帝的神殿……其祭司是当地的首要人物，统一由高卢城选出……把所有这一切归因于奴性和畏惧是不正确的。整个民族怎么可能全是奴隶，而且是长达三个世纪之久的奴隶。崇拜君主的不是那些廷臣，而是罗马，是西班牙、高卢地区、亚洲和希腊。"

当今大多数影响着人们头脑的大人物，已经不再设立圣坛，可是他们还有雕像，或者是画像，与他们的前辈相比，今天这些大人物所受到的膜拜毫不逊色。只要深入研究一下群众心理学的这个基本问题，即可明了历史的奥秘；不管群众是不是还需要些别的什么，首先他们需要一个上帝。

绝对不要以为，这些事情是只存在于过去的神话中，早已完全被理性清除了。在和理性的长久冲突之中，感情从来都是胜利者。如今，群众虽然已经听不到神或宗教这种词，可是在以往那如果无关乎通过象征表达无意识的中心，大众心理就会不可避免地成为着迷的催眠中心，将每一个人都吸收到其魅力之下。

★ 弗洛伊德

漫长的岁月里，群众一直被以它之名奴役着。在近一百年的时间里，群众从未拥有过如此多的崇拜对象，古代的神也没有福气拥有这样多崇拜的塑像。近年来关注过群众运动的人都知道，群众的宗教本能在布朗热主义的号召下，有多容易被重新点燃。这位英雄的画像遍布所有的乡村小酒馆，他被赋予维护正义、铲奸除恶的权利，无数的人愿意为他出生入死。如果他的性格与他传奇般的名望一样出众，他肯定会被称作伟人。

由此我们可以断定，群众需要宗教，因为所有的神学、政治或社会信条，要想在群众中变得根深蒂固，都必须采用能够把危险的讨论排除在外的宗教形式。即便群众可以接受无神论，这种信念早晚也会显现出宗教情感中所有的偏执狂热，并很快表现为一种崇拜。实证主义者这个小宗派的演变，为我们提供了一个不常见的例子。同思想家陀斯妥耶夫斯基的名字联系在一起的虚无主义者的身上发生过的事情，很块就会在实证主义者身上重现。某个实证主义者在某一天受到理性之光的启发，吹灭了小教堂祭坛上的蜡烛，撕毁了一切神仙和圣人的画像，用比希纳和莫勒斯霍特等无神论哲学家的著作取而代之，然后又虔诚地重新将蜡烛点燃，他的宗教信仰的对象改变了，但是我们能据此说他的宗教感情也改变了吗？

　　我要再强调一遍，要想对一些非常重要的历史事件有所了解，必须研究群体信念长期采用的宗教形式。在研究很多社会现象时，要从心理学的角度出发，而不是从自然主义的角度进行考虑。史学家泰纳只从自然主义角度研究法国大革命，他能对事实进行充分讨论，但更多的时候，他搞不清事件的起源，以群体心理学的要求来看，也找不到大革命的起因。他会因事件中混乱、血腥和残忍的一面而惶恐不安，但却很难从那部伟大戏剧中的英雄身上，发现一群癫狂的野蛮人在胡作非为，在疯狂宣泄本能。这场革命实质上是一种新的宗教信仰在群众中的建立过程，只有认识到这一点，它的暴烈，血腥杀戮，注重宣传以及向一切事物发出的战争宣言才能得到正确的解释。宗教改革、法国的宗教战争、圣巴托洛缪的大屠杀、宗教法庭、恐怖时期，同属于这一类现象，它们都是群众受宗教感情激励而产生的行为，凡

◢宗教改革运动所引起的精神动荡一举结束了中世纪的统治，也连同结束了那个时代所特有的对崇高的渴望。

★荣格

是怀有这种感情的人，必然会用剑与火去清除那些反对建立新信仰的人。宗教法庭，是一切有着真诚和不屈信念的人所使用的办法，若是他们使用了别的办法，我们也就不会这样评价他们的信念了。

上述这些大事件，其是否发生只取决于群众的意愿，就连最绝对的专制者也无法左右它。当史学家告诉我们圣巴托洛缪惨案是国王干的时候，只能表明在群体心理方面，他们和君王们一样无知。只有群体的灵魂才可以贯彻这种命令，而即便是最专制、权力最集中的君主，最多也只能延缓或加快其显灵的时间。恐怖统治不是丹东、罗伯斯庇尔或圣茹斯特等人的专利，而宗教战争或圣巴托洛缪惨案，也并不都是国王们所为，只要对这类事件进行深入研究，你总会发现群体灵魂的运作而绝不仅是统治者的权力。

第二卷
群体的意见和信念

1000个人不带任何明确目标，只是偶然聚集在公众场所中，从心理学上讲，这根本不能算是一个群体。而群体的首要特征也不一定总是要一些个人同时出现在一个地点，有时，在某种狂暴的感情——例如国家大事的影响下，成千上万个孤立的人也会获得一个心理群体的特征。

——古斯塔夫·勒庞

第一章
群体的意见和信念中的间接因素

通过对群体的精神结构的研究，我们了解了它的感情、思维和推理方式，现在让我们再来看一下它的意见和信念是如何形成的。

决定着这些意见和信念的因素分为直接因素和间接因素两类。

间接因素指的是那些能使群体接受某些信念，并再也接受不了别的信念的因素。这些因素为如下一些情况奠定了基础：一些威力与结果同样惊人的新观念突然出现，尽管这些自发性只是一种表相而已。虽然从表面上看，有些观念的爆发和被付诸行动让人毫无准备，但我们必能在其身后找到一种延续了很久的准备性力量。

直接因素指的是这样一些因素：它们随着上述长期性准备工作的延续，成为能够实际说服群体的资源，而假如没有那种准备性工作，直接因素也不会发生作用。换句话说，直接因素就是使观念获得某种形式并能使它产生一定结果的因素。这种直接因素会导致群体突然开始贯彻某种方案。一个关于罢工的决定，一次骚乱的爆发，甚至某人被民众授予权力去推翻政府，都是这种因素起作用的结果。

所有重大历史事件，都是直接因素和间接因素交替发生作用的结果。比如，法国大革命中，哲学家的著作、贵族的苛捐杂税及科学思想的进步就属于间接因素。有了这些准备，群众便很容易被演说家的演讲及当权者敷衍的改良所激怒。

我们可以看到，有些间接因素具有普遍性，它构成了群体一切信念和意见的基础，这些因素包括：种族、传统、时代、各种典章制度和教育。

下面我们就来看一下这些不同因素会造成哪些影响。

种族

因为种族本身的重要性远远超过其他因素，所以理应位于所有因素之首。因为我曾在《民族心理学》一书中对种族做过充分的研究，所以在此不再作详细讨论。在该书中，我们着重说明了一个历史上的种族所具有的特点，以及作为遗传规律的结果。它一旦形成了自己的禀性，便具有了独属于自己的力量，它的制度、艺术和信仰，总之，文明中种族的一切成分，都只不过是它气质的外在表现。我们在书中讲到，文明中的一切要素，都不能原封不动地从一个民族转移给另一个民族。时至今天，这一主张仍然非常有新意，如果没有它，历史就会变得不可捉摸。

环境和各种事件代表着一时的社会暗示性因素，正常情况下，它们产生的影响可能会相当大，但如果这种影响与一个民族世代继承下来的因素相反，或者换句话说，如果它与种族的暗示因素对立，它便只能是暂时的。

在下文中，我们还会谈到种族的影响，我们会说明，种族的这种影响是十分强大的，它对群体气质的特征起着决定性作用。这一事实使得不同国家的群体表现出相当不同的信念和行为，受到影响的方式也各不相同。

传统

传统是种族综合作用的产物，代表着过去的感情、观念和欲望，同时对我们发挥着巨大影响。

过去的时间对生物进化产生了巨大影响，自从这一点得到了胚胎学的证明之后，生物科学也随之发生了变化；如果广泛地推广这种理论，想必历史科学也会出现类似的变化。然而眼下它并没有被普及开来，和18世纪的学究们相比，许多政客仍然高明不了

在我们的内心深处被唤起的，就是那个久远的背景——古老的人类心理模式，它们源于遗传而非后天习得，我们从业已模糊的往日世代继承了它们。

★ 荣格

59

多少，他们坚信社会能够完全遵照理性之光所指引的唯一道路前进，并且和自己的过去完全决裂。

民族是在漫长的历史中形成的一个有机体，因此与其他有机体没什么两样，也只能通过缓慢的遗传积累过程发生变化。

传统支配着人们，特别是在他们形成群体时更是如此。而就像我一再指出的那样，他们能够轻易地给传统造成的变化却只限于一些名称和外在形式而已。

无须为此感到遗憾。不管民族气质还是文明，脱离了传统，都不可能存在。因此人类自出现以来，便一直密切关注着两件事：（1）建立某种传统结构；（2）当有益的成果已变得破败不堪时，就努力摧毁这种传统。没有传统，文明便不会存在；没有对这些传统的破坏，人类便不会进步。如何在稳定与求变之间取得平衡是极其困难的。如果一个民族的习俗变得过于牢固，就会停滞不前，缺乏改进能力。而这种情况一旦出现，就连暴力革命也派不上什么用场，最后只能有两个结果：要么是把打碎的锁链重新拼接在一起，让整个过去一成不变地再现；要么是对那些被打碎的事物置之不理，任由无政府状态取代衰败。

因此，对于一个民族来说，保留过去的制度，只用最不易察觉的方式一点一滴地加以改进才是理想的状态。实现这个理想很困难。纵观历史，大概只有古罗马人和近代英国人使它变成了现实。

群体，尤其是有地产的群体，正是他们牢牢抱着传统观念不放，极其顽固地反对变革传统观念。我始终认为群体非常保守，而且指出，最狂暴的反叛最终也只能造成事物的一些表面上的变化。18世纪末，教堂被毁，僧侣们或是被拉上断头台，或是被驱逐出国，人们都以为，旧日的宗教观念可能已经丧失了所有的威力。但是过不了多长时间，为了顺应普遍的要求，遭禁的公开礼拜制度又被重新建立起来了。关于这一点，我们可以从泰纳引用过的前国民议会议员福克罗伊的报告中清楚地看到："各地都可以看到保留礼拜日和上教堂的现象，这说明多数法国人希望原有的老习惯得以恢复，也证明了抗拒这种天然的倾向是多么的不合时宜。……大部分人都需要宗教、公开的礼拜及僧侣。认为可以通过普及教育消除宗教偏见是一种哲学家的观点，而我本人也曾被其误导过。宗教偏见是无数不幸的人寻求安慰的来源……因此必须允许广大民众有他们的牧师、圣坛和公开的礼拜仪式。"

旧传统可以暂时被消灭，但过不了多久又将会卷土重来。

任何事例都不足以更好地体现出传统对群体心态的威力。最让人坚信不疑的偶像，不是那些最专制的暴君，也不是身居高位者；这些人须臾之间就可以被人们击得粉

只有当人能够察看自己的内心深处时，他的视野才会变得清晰起来。向外看的人是在梦中、向内看的人才是清醒的人。
★荣格

碎。那些看不见的主人支配着我们每个人内心最深处的自我，它不会被一切反叛所摧毁，只会在漫长的时间里被一点一点地磨损。

时间

同与生物学问题的关系一样，时间对于社会问题也是最有利的因素之一。唯有时间是真正的创造者，也唯有它才是伟大的毁灭者。时间可以垒土成山，也可以帮助人类不断地向前进化，数百年的时间足以改变原有的一切。人们都知道，如果蚂蚁能活足够长的时间，勃朗峰都能被它夷为平地。不管是谁，一旦掌握了随意改变时间的魔法，他便具有了信徒赋予上帝的权力。

不过，在这里我们只讨论时间对群体形成意见的影响。在这个方面，时间所起到的作用堪称巨大。像种族，这些重大的要素也都取决于时间，如果没有时间它们便无法形成。一切信仰的诞生、成长和死亡，一切力量的获得与丢失，都要依赖于时间。

说得具体一些，是时间装备了群体的意见和信念，或者至少为它们准备了生长的土壤。这就是一些观念可以在一个时代实现，却不能在另一个时代实现的原因所在。各种信仰和思想的碎屑被时间堆积成山，从而使某个时代可以产生出它的观念，当然，这不是像掷骰子一样全凭运气，这些观念都是经过漫长岁月积累得来的，它们之所以能开花结果，正是因为时间为它们做好了准备。若要对这些观念的起源有所了解，就必须回顾过往，它们继承着历史，孕育着未来，同时也永远无法摆脱时间的限制。

所以，我们最可靠的主人就是时间，要想看到一切事物的变化，就要让时间自由发挥作用。时至今日，群众可怕的抱负及其所预示的破坏和骚乱让我们惶惶不安，要想恢复平衡，唯一的办法就是依靠时间。正如拉维斯先生所言："任何统治形式都不可能在一夜之间建立起来。政治和社会组织的建立需要花费数百年的时间：封建制度是人类社会经历了数百年毫无秩序的混乱之后才建立起它的制度法令的，而绝对君权也是存在了数百年后，才找到了其统治的规则。这些等待的时期是非常混乱的。"

政治和社会制度

我知道，大多数人都认为制度可以革除社会的弊端，改进制度与统治可以推动国家的进步，社会变革可以通过各种命令来实现。这是法国大革命的思想基础，同时也是目前的各种社会学说的基础。

这一重大的谬见一直未因最具连续性的经验而有所动摇。史学家和哲学家们费尽心思地想证明它的荒谬之处可依然毫无结果，不过他们却很容易就能证明，制度是观念、感情和习俗的产物，但如果改写法典，观念、感情和习俗却不会随之被改写。对于一个民族来说，头发和眼睛的颜色是自己不能随意选择的，同样，他们也不能随意选择自己的制度。这个时代创造了制度和政府，它们都是种族的产物，并不是某个时代的创造者。就各民族的统治而言，是他们的性质决定了他们要被统治，而不是一时奇思妙想的结果。一种政治制度的形成和改造同样需要上百年的时间。各种制度就其本身而言，无所谓好坏，并没有固有的优点，也许在某个特定的时刻它对一个民族有益，却同时对另一个民族有害。

更确切地说，一个民族根本没有能力改变其各种制度，即使是暴力革命，改变的也是制度的名称，而不是本质。如果历史学家的研究深入到了事物的深层，他们基本不会留意名称，因为它只是些无用的符号。正因如此，世界上最民主的国家英国（连最进步的美国共和主义者也不得不承认这一事实。最近美国《论坛》杂志对这件事的看法比较具有代表性，这段话被转引在1894年12月的一期《评论之评论》上："切记，即使对贵族制最热心的敌人来说，英国也是全天下最民主的国家，这个国家的个人拥有最大的自由，权利受到最大的尊重。"）仍然生活在君主制的统治下，而经常表现得特别嚣张也最具压迫性的专制主义，却存在于那些本属于西班牙，且拥有共和制宪法的美洲共和国。各民族的命运是由他们的性格而不是他们的政府决定的，关于这一点，我曾在《民族心理学》一书中，用典型事例证明过。

因此，没有必要浪费时间去炮制什么宪法，这简直就像小孩子的把戏，或是无知的

1 实际上，普通人是"有公民意识有道德"的；他创造自身的律令并遵守它们，这不是因为外来的律令被强加于他们——这是幼稚的错觉——而是因为他对律令和秩序的热爱胜于他对失调和无法无天的爱好。

★ 荣格

修辞学家所做的没有任何意义的劳动。完善宪政的责任应交由必要性和时间来承担，让这两个因素发挥作用是最明智的做法。盎格鲁-撒克逊人就是这样做的，正如他们伟大的史学家麦考利曾在其著作中指出的，拉丁民族各国的政客们应当自觉自愿地学习这种方法。他写到，从纯粹理性的角度看，法律所能带来的只是一片荒谬与矛盾，然后，他将拉丁民族一窝蜂地制定出来的宪法文本与英国的宪法放在一起进行了对比，并指出，英国的宪法总是慢慢地发生变化，其影响不是来自思辨式的推理，而是来自必要性：

　　从不考虑是否严谨对称，而要考虑它是否方便实用；从不单纯因不一致就去消除这种不一致；只有感到不满时，才去进行变革；只有当能消除这种不满时，才去进行革新；除了针对具体情况必须提供的条款之外，绝对不制定任何范围更大的条款——从约翰国王时代到维多利亚女王时代，在250年的时间里支配着我们的议会，使之谨慎行事的，便是这些规则。

　　要想说明各民族的法律和各项制度在多大程度上表达着每个种族的需要，唯一的办法就是对其依次进行审查，而不是进行粗暴的变革。例如，我们可以从哲学的角度来解释集权制的优点和缺点。但是，当我们认识到，一个由不同种族组成的国家的人民用了很长的时间来维护这种集权制；当我们认识到，一场以摧毁过去一切制度为目的的大革命也必须尊重这种集权制，甚至让它进一步强化，在这种情况下，我们就该承认它是这个民族的生存条件，是应各种迫切的需要而产生的。我们要对那些大肆宣扬要毁掉这种制度的政客们那可怜的智力水平报以同情。假如他们碰巧做成了这件事，那就预示着一场残酷的内战即将到来①，然后又会带来一种新的集权制度，这种制度比旧政权更具压迫性。

总而言之，不能到制度中去寻找深刻影响群体禀性的手段。我们看到，同样处在极为相似的民主制度下，有些国家，如美国取得了高度繁荣，而那些西班牙人的美洲共和国，却生活在可悲的混乱状态之中。这时我们不得不承认，一个民族的伟大和另一个民族的衰败与这种制度之间没有任何关系。对各民族起支配作用的是它们自己的性格，只要是与这种性格不合的模式，都只是一种暂时的伪装，一件借来的外套。事实上，为强行建立某些制度而进行的暴力革命和血腥战争一直都在发生，而且还会继续发生。这些制度简直被奉若圣人的遗骨，被赋予了创造幸福的超自然力量，所以，似乎从某种意义上可以说，它们引发的这些大动荡是制度反作用于群体的头脑的结果。然而，我们知道，无论成功与否，制度本身并不具有那样的能力，所以也不可能以这种方式产生反作用。能对群众头脑产生影响的是各种幻想和词语，尤其是词语，它有多强大就有多荒诞，接下来就让我们来大致看一下它那惊人的影响力。

---

① 比较一下大革命时期划分法国各政党的一些政治分歧和深刻的宗教，特别是有关社会问题的结论及法德战争期间再次表现出来的一些分裂主义倾向，不难发现法国的不同种族还远远没有融合在一起。革命时期一项最有益的成就是建立了强大的集权制和一些人为的部门，这就注定各个古老的省份必须合并在一起。假如眼下那些缺乏远见的头脑所热衷的分权制得以实现，便会引起最血腥的混乱。忽视这个事实，等于是对法国的全部历史视若无睹。——原注

教育

在当今时代的主要观念中，有一种观念一马当先，即认为教育能够使人在很大程度上发生改变，它肯定能改造他们，甚至可以把他们变成平等的人。这种主张被反复提起，仅仅这个事实就足以使它最终成为最牢固的民主信条，现在如果再想击败它，其难度堪比过去击败教会。

就像在许多其他问题上一样，在这个问题上，民主观念与心理学和经验得出的结论也有很大差异。许多杰出哲学家包括赫伯特·斯宾塞在内，已经向我们证明，教育既不会让人更幸福，也不会使人变得更道德；它既不能改变人天生的热情，也不能改变他的本能，并且有时只要稍加不良引导，害处就会远远大于好处。统计学家已经证实了这种观点，他们告诉我们，犯罪在随着某种教育的普及而增加。那些出现在学校获奖者名单上的人有可能是社会中一些最坏的敌人。阿道夫·吉约先生是一位杰出的地方法官，最近他在一本著作里写到，当今受过教育的罪犯和文盲罪犯的比例是3∶1，人口中的犯罪比例在50年的时间里，从每10万居民227人的速度增长至552人，增长率为133％。他和他的同事同样注意到，年轻人犯罪增长速度竟然如此之高，而谁都知道，法国为了他们用义务教育取代了学徒制。

当然谁也不能说，就算正确引导的教育，也不会带来特别有益的实际结果，因为就算道德水平没能得到提升，至少专业技也能得到有益的发展。不幸的是，特别是在过去25年中，拉丁民族的教育制度建立在了十分错误的原则基础上，尽管有如布吕尔、德·库朗热、泰纳等许多具有杰出头脑的人对此提出了意见，但是他们仍旧不思悔改。我曾在以前出版的一本书中写到，多数受过这种教育的人被法国的教育制度变成了社会的敌人，同时这种教育制度也让无数学子加入了社会主义者的阵营。

这种教育制度（也许很适合拉丁民族的禀性）之所以危险是因为，它以完全错误的心理学观点为基础，认为智力可以通过学好教科书来得到提高。人们正是因为接受了这种观点才会竭尽全力去强化手册中的知识。从小学直到大学毕业，一个年轻人只能死记硬背书本中的内容，他的判断力和个人主动性根本没有用武之地，对于他来说，接受教育就是背书和服从。

前公共教育部长朱勒·西蒙先生写道："学习课程，心中要牢记一种语法或一篇纲要，重复得好，模仿也出色——这种教育方式简直幼稚可笑，它的每项工作都是一种信仰行为，即相信教师永远正确。于是，贬低自我，让我们变得无能，便成为这种教育的唯一结果。"

假如这种教育是无用的，至少人们还

> 看不出自己有做决定的潜力的人们，其实是没有办法有这种意识的。相反，他焦躁不安，左顾右盼，希望有智者或者其他别的什么将他引导出这种无可适从的环境中。除了人固有的弱点之外，之所以会造成这样的情况，教育难辞其咎。
>
> ★ 荣格

可以安慰孩子们，虽然他们没有在小学里从事必要的学习，但毕竟还学到了纽斯特里亚和奥斯特拉西亚之间的冲突、动物分类或科劳泰尔后裔的族谱之类的知识。可是，这种制度带来的后果远比这要危险，它使服从者极度厌恶自己的生活状态，并想尽力摆脱这一切。农民不想再当农民，工人不想再做工人，除了当国家职员，大多数地位卑贱的中产阶级不想让他们的下一代从事其他别的职业。法国学校的这种教育制度不是教导人们为生活做好准备，而只打算让他们从事政府的职业，而要想在这个领域内取得成功，不需要任何必要的自我定向，也不需要表现出什么个人主动性。这种制度为社会等级的最底层和最高层培养出了两支截然不同的力量：社会等级的最底层出现了一支无产阶级大军，他们对自己的命运愤懑不已，每时每刻都想起来造反；社会等级的最高层出现了一群轻浮的资产阶级，他们多疑又轻信，一边把国家视同天道，盲目信任国家的一切，一边又念念不忘同它作对，让政府帮自己承担错误，而一旦脱离了当局的干涉，他们便毫无成就。

　　国家用教科书教育出了很多有文凭的人，但是政府部门只能容纳其中很小的一部分，所以，它只能把职位留给先来的那部分人，而剩下的那些没有得到职位的人便全都视国家为敌人。从社会金字塔的最低层到最高层，从职位最低微的小秘书到教授和警察局局长，有成千上万有文凭的人在对政府部门的各种职位虎视眈眈。商人想找一个帮他打理殖民地生意的人都非常困难，可许多人却在为能当上最平庸的官差而绞尽脑汁。仅塞纳一地，教师失业人数就达2000名，而这些失业者仍坚持要从国家那儿讨生计，根本看不上农民或者工人。由于被选中的人数是有限的，因此必定会有很多人因此而心怀不满，不管这些人会由谁来领导，也不管他们的目标是什么，他们都会随时参与任何革命。总之，可以说，掌握一些派不上用场的知识，是让人造反的有效途径。这种现象并不只是拉丁民族所特有的，在中国也同样可以看到。就像法国一样，这也是一个由等级森严的士大夫掌权的国家，在那里要想取得官职也要经过考试，而考试内容就是看能否轻松背诵大量典籍。而今天，这支受过教育的无业大军变成了真正的民族灾难。同样，自从英国人只是以给当地居民提供教育为唯一目的而开放教育以来，在英国就形成了"印度绅士"这样一个受过教育的特殊阶层，由于得不到雇用，他们变成了英国统治坚定的反对者。不管有没有职业，对于所有的"印度绅士"来说，道德标准的降低就是他们受教育的第一个结果。

显然，悬崖勒马为时已晚。我们的错误只能由"经验"这位人民最好的老师揭示出来，也只有它能够证明，我们应该用职业教育来取代那些可恶的教科书和可悲的考试，只有在它的劝导下，我们的年轻人才会回到他们今天不惜任何代价逃避的殖民地事业，回到田野和工厂中去。

我们祖辈所理解的那种教育正是当今一切受教育的人所需要的专业教育。这种教育在当今那些凭自己意志力、创业精神和开拓能力统治世界的民族中依然具有蓬勃的生命力。我们可以由泰纳先生这位伟大的思想家的一系列著名篇章（其中的一些重要段落我依然会在下文中引用）中清楚地了解到，过去我们的教育制度与今天美国和英国的制度基本相似。他在对盎格鲁–撒克逊民族和拉丁民族的制度的比较中，明确指出了这两种方式所带来的不同的后果。

也许在无可奈何的情况下人们会认为，尽管我们的古典教育只能培养出心怀不满和缺乏生存能力的人，但它要求人们正确地背诵大量教科书，向人输送大量肤浅的知识，至少能够使智力水平得到提高。但是，事实上这是不可能的。判断力、经验、开拓精神和个性才是在生活中取得成功的条件，而这些素质在教科书中是找不到的。字典和教科书可以作为有用的参考工具，但把它们放在脑子里却毫无用处。

要想让专业教育具备提高智力，达到远超古典教育的水平，应该怎么做呢？针对这一点，泰纳先生曾做过出色的说明。他讲道：

只有在自然而正常的环境中才能形成观念。而若想培养观念，则需要年轻人每天从矿山、工厂、建筑工地、法庭、书房和医院获得大量的感官印象，他必须亲眼看到各种材料，操作各种工具，不管他们干得好不好，能不能赚钱，都必须和工作者、劳动者和顾客在一起。唯有采用这种方式，他们才能对那些从眼睛、耳朵、双手甚至味觉中得到的各种细节，有个大致的理解。这些在不知不觉中获得的细节，经过学习者慢慢地推敲，在心中渐渐成形，早晚会产生出一些提示，让他们着手新的组合、创新、简化、改进或发明。而在法国，恰恰是在年轻人最能出成果的年纪，所有这些宝贵的接触和不可或缺的学习因素却统统被剥夺了。因为他会在长达七八年的时间里被一直关在学校中，一切亲身体验的机会由此被切断，所以他们无法鲜明而准确的理解世间的人和事，更不会知道如何控制这些人和事。

至少有90%的人，在这几年甚至是对自己有决定意义的几年里浪费了自己的时间和精力。那些被淘汰者中有一半甚至2/3的人是为了考试而活着，而剩下的一半或1/3超负荷工作的人成功地得到了某种学历、证书或一纸文凭，而对于这部分人来说，要取得这一切必须达到过于严苛的要求：在规定的某一天，在连续两个小时的时间里坐在一把椅子上，面对答辩团，怀着对科学家团体的敬畏，把自己变成全部人类知识的活词典——这简直太过分了。而且在那一天的那两个小时里，也许他们正确或接近正确，但用不了一个月，他们就不是这样了，他们无法再通过考试。他们脑子里所学到的那些过多也过于沉重的知识会随着时间而不断流失，同时又没有新东西补充进去，于是他们的精神活力衰退了，继续成长的能力也枯竭了，此时我们会看到一个"充分发展"的人，同时也是一个心力交瘁的人。他成家立业，落入生活的俗套，把自己封闭在狭隘的职业中，工作也许还算稳定，但仅此而已。这种生活很平庸，而且收益和风险明显不成比例。而法国在1789年以前，采用的是同英国或美国一样的，与上述相反的办法，但由此得到的结果却是相同的，甚至更好。

这位著名的心理学家紧接着向我们揭示了我们的制度与盎格鲁-撒克逊人的制度有哪些不同：在专业学校的数量上，盎格鲁-撒克逊人无法与我们相比，但他们的教育是是建立在实物教学的基础之上，而不是建立在书本知识的基础之上的。例如，他们的工程师是在车间里训练出来的，并不是在学校里面训练出来的，这就意味着，他们每个人都能达到他的智力所可能达到的水平。如果他没有发展潜力，可以去做或领班，如果天资聪慧便会成为工程师。这种办法与个人前程全取决于他在19岁或20岁时一次几小时考试的做法相比，显然更民主，对社会也更有好处。

年轻的学生们在矿山、工厂和医院，在建筑师或律师的办公室里，循序渐进地开始了他们的学徒期，这与办公室里的律师秘书或工作室里的艺术家非常相似。在投入实际工作之前，他同样有机会接受一些基础的教育，因此他们已经准备好了一个框架，以便储存迅速观察到的东西，加上在闲暇之余获得的多种不同技能，由此逐渐与他所获得的日常经验协调一致。实践能力在这种制度下得到了发展，并且与学生的才能相适应，其发展方向也与他未来的任务和特定工作的要求相符合，因为这些工作就是今后要从事的工作。因此，英国或美国的年轻人，很快便找到了能够施展自己所长的位置。如果各种材料和部件都齐全，在25岁时甚至更早，他就能成为一个有用的工作者，甚至已经具备自我创业的能力；他变成了一台发动机，而不再仅是机器上的一个零件。而在制度与此恰恰相反的法国，一代又一代人日益向中国看齐——由此造成了巨大的人力浪费。

这位伟大的哲学家就拉丁民族的教育制度与实践生活不断扩大的差距，作出了以下结论：

教育有三个阶段，儿童期、少年期和青年期，如果从考试、学历、证书和文凭的角度来看，坐在教室中学习理论和教科书的时间未免太长了，负担也太重。就算仅从这个角度出发，采用这一办法也十分糟糕，它不仅违背自然也与社会对立。我们学校的寄宿制度，人为的训练和填鸭式教学，沉重的课业负担，学徒期的过度延长，种种做法不为时代未来的发展着想，不为年轻人很快就要投身于现实世界着想，不为成年人的年龄和职业着想，这些制度忽视了为了生存我们必须适应或提前学会适应社会，忽视了不人类为了保护自己必须进行斗争，忽视了要想有立足之地就必须人类就必须事先得到训练、装备和武器，还要拥有坚强的意志。这些不可或缺的装备，这种最重要的学习，这种丰富的常识和意志力，法国年轻人根本无法从学校中获得，而且不止于此，学校还会将这种素质扼杀在摇篮之中。因此从他走进社会，踏入自己的生活之日起，他便只会遭遇一系列的痛苦挫折，而由此造成的创痛不仅久久不能平复，有时甚至会让他丧失生活能力。这种试验既困难又危险。这个过程破坏了精神和道德的均衡，而这种破坏很可能是永久性的。因此非常突然而彻底的幻灭已经发生了，这种欺骗是如此严重，以至于带来了无法言说的失望。

　　我相信上面这些说法并没有偏离群体心理学的主题。要想了解今天正在群众中酝酿、明天就会出现的各种信念和想法，就必须了解孕育它们的土壤因素。一个国家的年轻人可以通过接受教育来了解这个国家会变成什么样子，可我们为当前这一代人提供的教育，却几乎让人心灰意冷。教育在改善或恶化群众的头脑方面，至少能发挥一部分作用，因而我们有必要进行说明，当前的制度究竟是如何培养出这种头脑来的，冷漠而中立的群众是怎么变成了一支心怀不满的大军，随时打算听从一切乌托邦分子和能说会道者的暗示。可笑的是，现在，教室成了孕育社会主义者的地方，也是为拉丁民族的衰败铺平了道路的地方。

第二章
群体意见的直接因素

　　在上一章，我们讨论了群体的意见和信
念中的间接因素，这些因素赋予了群体心理
以特定属性，使某些感情和观念得以发展。
在这一章，我们将要研究能够直接发挥作用
的因素，以及如何充分运用它们以便更好的
发挥作用。

　　在本书的第一卷我们研究过集体的感
情、观念和推理方式，以此为基础，很容易
就能从影响他们心理的方法中，归纳出一些
一般性原理。我们已经了解哪些事情可以刺
激群体的想象力，同时了解了暗示尤其是会
以哪些更形象的方式表现其力量及传染过
程。但是，能够对群体心理产生影响的因

　　我们不得不承认，
在人的任何集合中，
形成一种心理群体的
倾向可能非常容易涌
现出来。

　　★ 荣格

素，就如暗示可以有完全不同的来源一样，也有很大的不同，因
此必须分别对它们进行研究。这种研究是有好处的。群体就好像
古代神话中的斯芬克司，我们必须就它的心理学问题给出一个答
案，否则它就会毁掉我们。

形象、词语和套话

在研究群体的想象力时我们已经发现，它极易被形象产生
的印象所影响。尽管这些形象不一定随时都有，但是可以利用一
些词语或套话巧妙地将它们激活。经过艺术化处理之后它们就拥
有了毋庸置疑的神奇力量，既能在群体心中能够掀起最可怕的风
暴，同样也可以把风暴平息。若是将那些由于各种词语和套话的
力量而死去的人的尸骨收集起来，便能建造出一座比古老的齐奥
普斯①更高的金字塔。

词语的威力与它们所唤醒的形象有关，但这些形象并不代表词
语的真实含义。有时越是不明确的词语，反而会带来越大的影响。
比如社会主义、民主、平等、自由等，因为它们的含义极为模糊，
即使无数人为此写了大量的著作我们仍然不能全面确定它们的真实
含义。然而这几个词语的确有着神奇的威力，似乎能使一切问题迎
刃而解，它们集合所有潜意识中的抱负及其实现的希望于一身。

一些词语和套话是同群体一起隆重面世的，即使说理与论
证也无法战胜它，人们只要一听到它们，就会毕恭毕敬，俯首称
臣。它们被许多人当作是自然甚至超自然的力量，唤起了人们心

---

① 即埃及第四王朝的第二代法老，胡夫。——译者注

中宏伟壮丽的形象，而它们的混沌不明正是人们坚信它们具有神秘的力量的理由；它们犹如藏在圣坛背后的神灵，信众面对它时只会感到胆战心惊。

词语本身的含义与它所唤起的形象之间是彼此独立的。这些形象会因时代和民族的不同而发生改变，但套话却不会，有些暂时出现的形象会和一定的词语联系在一起，而词语仿佛就是用来唤醒它们的开关。

并不是所有的词语和套话都能唤起形象，有些词语只在一段时间里具有这种力量，然后随着使用过程的展开，这种力量也会逐渐消失，以至于头脑不再产生任何反应。这时，这些词语和套话便成了空话，使用者也无需再去思考。所以，我们只需用年轻时学到的少量套话和常识来武装自己，便能轻松应对生活，不需再对任何事情进行思考。

只要对某种特定的语言进行研究就会发现，随着时代的变迁，它所包含的词语变化得极为缓慢，但人们赋予它们的含义或词语所唤起的形象，却在一直发生变化。基于这个原因，我才会在另一本书中说，我们绝不可能准确地翻译一种语言，特别是那些已经"死亡"的语言。当我们用一句法语来取代希腊语、拉丁语或《圣经》里的某句话，当我们试图理解一本二三百年前用我们自己的语言写成的书时，事实上，我们不过是在用现代生活赋予我们的一些形象和观念来替代另一些不同的形象和观念，那些形象和观念产生于古代一些种族的头脑中，而这些人的生活状况与我们截然不同。处于大革命时期的人们认为自己是在模仿古罗马和古希腊人，可事实上，他们只是为古代的词语强加了一些根本不存在的含义。

我们说，希腊人的制度和今天用同样的词语设计出来的制度有什么相同之处呢？那时的共和国本质上是由一小伙团结一致的暴君统治着一群绝对服从的奴隶所构成的制度，是一种贵族统治的制度。没了这种奴隶制，这些建立在奴隶制上的贵族集体统治也就不可能存在。

再比方说"自由"这个词。在一个从未奢望过思想自由，仅仅讨论城邦的诸神、法典和习俗就会被认为是犯了十恶不赦的大罪的地方，"自由"的含义能与今天相同吗？对于雅典人或斯巴达人来说，像"祖国"这样的词，除了指雅典或斯巴达的城邦崇拜之外，还会有其他的含义吗？当然，它绝不是指由彼此征伐不断的敌对城邦组成的全希腊。在古代高卢，"祖国"由相互敌视的部落和种族组成，它们的语言和宗教都不相同，而凯撒之所以能将它们轻易征服，原因就在于他总是能够从这些部落和种族中找到自己的盟友。罗马人创建了一个高卢人的国家，原因是他们使这个国家政治和宗教实现了统一。其实，不用说得这么远，以发生在200年前的事为例，仅就"祖国"一词，今天的法国各省对它的理解就与孔代①（他和外国人结盟反对自己的君主）大不相同。过去流亡在外的法国保皇党人，坚称法国已经变节，而自己反对法国的行为则是在恪守气节，他们之所以会有这种想法，是因为封建制度的法律不是把诸侯同土地联系在一起，而是同主子联系在一起，所以只有君主在，祖国才在。

随着时代的变迁，很多词语的意义也发生了深刻的变化，而在理解它们这个问题上，我们至多只能达到过去经过了很长时间的努力所能达到的水平。有人曾非常确切地说，我们必须做大量的研究才能正确理解"国王"和"王室"这种称呼对我们曾祖父一辈到底意味着什么。由此可知，如果面对的是更为复杂的概念，会出现什么情况了。

由此我们可知，词语会随着时代和民族的不同而发生变化，所以它只具有随时可能变动的暂时含义。如此一来，当我们想把词语用作影响群体的手段时，就不要再徘徊于它们过去具有的含义，或是精神状态各不相同的个人所以赋予它们的含义，我们应该记住的是某个时刻群体所赋予它们的含义。

因此，如果群体因为政治动荡或信仰变化，开始对某些词语唤起的形象心生反感，而事物又因与传统结构之间联系而无法改变，那么此时，一个真正的政治家最明智的做法就是在不伤害事物本身的前提下赶紧变换说法。早在很久以前，聪明的托克维

---

① 孔代是法国历史上的一个头衔，此处这个"孔代"曾发动叛乱反对王室，失败后避居西班牙。——译者注

尔①就说过，执政府和帝国要做的具体工作就是要用新的名称来重新包装大多数过去的制度，换句话说，就是将那些容易让群众想起不利形象的名称代之以新的名称，因为它们的新鲜能阻止这种联想。比如"盐赋"变成了"盐税"，"地租"变成了"土地税"，"徭役"变成了"间接摊派"，行会和商号的税款变成了执照费，等等。

可见，对流行用语，或者至少对再没有人感兴趣，民众已经不能容忍其旧名称的事物保持警觉是政治家最基本的任务之一。名称的威力非常强大，如果选择得好，它完全可以让最可恶的事情面目一新，并为民众所接受。泰纳正确地指出，正是利用了"自由"和"博爱"这种当时特别流行的说法，雅各宾党人才能够"建立起与达荷美相似的暴政，与宗教法庭相似的审判台，干出与古墨西哥人几乎相同的人类大屠杀这种暴行"。就像律师的艺术一样，统治者的艺术，首先就是一门驾驭辞藻的学问。而在同一个社会，对于不同的社会阶层来说，同一个词往往具有不同的含义，从表面上看他们用词相同，其实他们说着不同的语言，就是这门艺术遇到的最大困难之一。

在上面的例子中，促成词语含义发生变化的主要因素是时间。如果我们再把种族因素考虑进去，就会看到，在相同的时期，在教养相同但种族不同的人中间，相同的词也经常代表着完全不同的观

---

① 阿历克西·德·托克维尔（Alexis de Tocqueville, 1805—1859），法国历史学家、社会学家。出身贵族世家，经历过法兰西第一帝国、波旁复辟王朝、七月王朝、法兰西第二共和国、法兰西第二帝国五个"朝代"。代表作有《论美国的民主》第一卷、《论美国的民主》第二卷、《旧制度与大革命》。——译者注

念。而这些差别非博学者难以理解，所以我也不会在这个问题上再花费更多时间。我只想说明一点，那就是，正是那些群众使用频率最高的词，在不同的民族中有着最不相同的含义，比如，今天被人们频繁使用的"社会主义"和"民主"，就是这样。

事实上，"社会主义"和"民主"这两个词于盎格鲁-撒克逊民族和拉丁民族来说，代表着两种十分对立的思想。"民主"对拉丁民族来说，更多地是指个人的自主权和意志要服从于国家所代表的社会的自主权和意志。国家支配着一切，集权、垄断并制造一切。无论是社会主义者、激进派还是保皇派，所有党派都要向国家求助。但在盎格鲁-撒克逊地区，特别是在美国，"民主"一词指的是个人意志的有力发展，国家要尽可能服从这一发展，除了军队、政策和外交关系外，它不能支配包括公共教育在内的任何事情。由此可见，同一个词的含义在两个民族中明显不同：在拉丁民族，指的是个人自主权和意志的从属性及国家的优势；在盎格鲁-撒克逊民族，指的是个人意志的超常

▲只要一种群体形式持续存在，或在它存在的范围内，该群体中个体的行动似乎就是统一的，容忍其他成员的特性，把自己与他们等同起来，对他们的感情不存在反感。
★ 弗洛伊德

发展和国家的彻底服从[1]。

幻觉

自文明出现之日起，群体便一直受幻觉的影响。他们为那些制造幻觉的人建造庙宇、树立塑像、设立祭坛，其狂热程度无可比拟。不管是现在的哲学、社会幻觉还是过去的宗教幻觉，我们都可以在人类不断发展的任何文明的灵魂中找到这些坚不可摧、登峰造极的力量。因为它们，才会有古代巴比伦和埃及的神庙，中世纪的宗教建筑；因为它们，一个世纪前全欧洲发生了一场震撼世界的大动荡；我们的所有艺术、政治和社会学说，全都受到它们的强大影响。有时，人类会以可怕的动乱作为代价来消除这些幻觉，可似乎又注定会让它们死而复生。因为没有它们，人类不会走出自己原始的野蛮状态；没有它们，好像很有可能就会重新回到这种野蛮状态。值得相信的是，这些幻觉不过是因人类的梦想所产生的一些无用的幻影，但却使各民族创造出了辉煌壮丽值得炫耀的艺术或伟大文明。

如果有人推倒了所有因宗教鼓舞而建立于教堂前石板路上的那些作品和艺术纪念物，如果有人毁掉了所有的博物馆和图书馆，那么，人类伟大的梦想还能剩下些什么呢？失去了那些希望和幻想，人类是活不下去的。这就是为什么会存在诸神、英雄和诗人的原因。自科学承担起这一任务起已至50年左右的时间，但

---

[1] 我曾在《民族心理学》一书中，用很长的篇幅讨论了拉丁民族和盎格鲁-撒克逊民族在民主理想方面的不同表现。而布尔热在旅行结束后，也在他的著作《海外》一书中独立地得出了几乎与我完全一致的结论。——原注

是在渴求理想的心灵里，科学还有些不足的地方，因为它不能撒谎，不敢作出过于慷慨的承诺。

我们的祖辈已在政治、宗教和社会幻想中生活了很多个世纪，而18世纪的哲学家却热衷于打破这些幻想。幻想被毁灭了，随之而来的就是希望和顺从的源泉的枯竭。在幻想被扼杀之后，摆在人们面前的就只有无声无息的自然力量，而这种力量对软弱和慈悲心肠全部无动于衷。不管哲学取得了多大进步，迄今为止它仍没有给群众提供任何能够让他们着迷的理想。但是不管需要付出多大的代价，群众都必须拥有自己的幻想，为了获得这种幻想，他们就像具有趋光性的昆虫一样，本能地转向那些迎合他们需要的花言巧语者。可以这么说，推动各民族演化的主要因素，永远不是真理，而是谬误。今天社会主义之所以如此强大，就是因为它是仍然具有活力的最后的幻想，就算存在着一切科学证据，仍阻碍不了它继续发展。它的鼓吹者是那些无视现实并敢于向人类承诺幸福的人，这一事实就是它主要力量的来源。如

> ◢ 无论是原始人与否，人类始终站在自己在行走但又无力控制的行动的边缘。
> ★ 荣格

今，社会主义幻想依然在过去大量的废墟之上任意肆虐，未来是属于这种社会主义幻想的。群众从不曾对真理心生渴望，当他们看到那些不合口味的证据时只会一走了之，如果谬论对他们有诱惑力，他们更愿意崇拜谬论。只要是能向他们供应幻觉的，很容易便能成为他们的主人，只要是让他们幻灭的，全部会成为他们的牺牲品。①

经验

经验能够让真理扎根于群众心中，并使危险的幻想走向破灭。但是为了达到这个目的，经验必须在非常大的范围内发生作用，而且它必须重复出现。一般情况下，对一代人来说，上一代人的经验基本没什么用处，这就解释了为什么一些被当做证据引用的历史事实达不到目的。它们唯一的作用就是证明了，一种广泛的经验即使只想撼动那些已经深入人心的错误观点，也同样需要一代又一代地反复出现。

毫无疑问，19世纪及更早一些的年代都成了史学家眼中充斥着奇异经验的时代；在过去的任何一个时代里都没有做过这么多的试验。

法国大革命就是最宏伟的试验。通过这次试验，我们明白了

---

① 就这个问题，我已在前文中作过解释：群体的意见是由一些临时拼凑起来的不同观点的机制形成的。当时的法国的国民卫队是由一些温顺的小店主组成的，他们的纪律极其散漫，根本做不了数。然而，人们会对被冠以相似名称的所有军队产生同样的联想，并认为它们都是无害的。当时，群众的领袖同样有这种错误认识，这种情况在涉及以偏概全的意见时有发生。奥列弗先生在最近出版的一本书中写到，在1867年12月31日的一次内阁讲话中，梯也尔先生，这位绝不超前且时时追随民意的政治家，就曾宣称对普鲁士不必重视，因为它除了一支和法国相等的常备军外，只拥有和法国相似的国民卫队。——原注

一个社会不应当遵照纯粹理性的指导，必须从上到下全部翻新一遍，否则就会让数百万人付出生命，正因如此欧洲才陷入了长达20年的剧烈动荡中。独裁者要拿经验向我们证明，需要在50年里进行来上两次破坏性试验，而这会使拥戴他们的民族损失惨重。而就算试验结果明确无误，似乎仍不能让人信服。第一次试验是以300万人的性命和一次入侵为代价，第二次试验的后果是领土被割让并让我们懂得了设立常备军的重要性，而第三次试验也说不准哪天就会发生。如果想让整个民族相信，庞大的德国军队不是30年前普遍认为的那样，只是一支无害的国民卫队，就必须用一次让我们损失惨重的战争来加以证明。而若是想让人们意识到贸易保护会毁掉实行这种制度的民族，则需要20年或20年以上的灾难性试验才能证明。像这种例子实在是太多了。

理性

除非是为了指出理性的影响的消极价值，否则根本没有必要在列举能够对群众心理产生影响的因素时提到它。

在前面我们证明了，推理影响不了群体，群体只能理解那些拼凑起来的观念。正因如此，那些知道怎样影响他们的演说家，才总是借助它们的感情而不是理性。逻辑定律对群体起不了作用（影响群众的技巧里根本用不到逻辑规则，我第一次看到这种现象是巴黎被围困时期。有一天，我看到一位将军被一群人押送到了卢弗当时的政府驻地，这群人很愤怒，他们怀疑当地的设防计划被这个将军卖给了普鲁士人。一位政府官员同时也是一位非常出色的演说家，出面训斥了那些要求立刻处死这名将军的人。我原以为，在驳斥这种控诉有多荒谬时，他会说，这个军官就是设防人之一，而且那种计划每个书店都有得卖。可出乎我的意料，这位演说家说的是："正义理应得到申张！"他向大家宣布，"正义铁面无私。让护国政府来决定你们的请求吧。在此期间我们会把他监禁起来。"这种让步立刻平息了人们的愤怒，人群开始散去，而之后没过多长时间将军便回到了家里。而设想一下，假如讲话的人当时用的是逻辑论证的方法，他肯定马上就会被盛怒之下的人群撕成碎片；只因为那时我年纪小不懂事，才会觉得这是一种非常令人信服的论证）。如果想让群体相信什么，首先就必须弄清楚哪种感情能让他们变得兴奋，并且假装自己也有这种感情，然后凭借初步联想，唤起某些极具暗示性的形象，努力改变他们的看法，这样才能（如果有必要的话）再回到最初提出的观点上来，一点点地探明引起某种说法的感情。因为演讲者必须根据讲话的效果随机应变，不断改变措辞，所以凡是有效的演讲都根本无法事先进行准备和研究。原因是，如果事先准备好，那么演讲者在演说过程中遵循的就是自己的思路而不是听众的思路，这足以是他的演讲失去影响力。

但凡讲究逻辑的演说家，都习惯于相信一系列大体严密的论证步骤，所以在向群众讲话时，免不了会用到这种说服的方式，而实际上，这对他们自己的论证起不了作用，而他们也总是对此疑惑不解。有位逻辑学家说过："一般来说，由三段论（即一组公式）得出的结论是无法更改的……因为存在这种性质，所以哪怕是让无机物来演算这一组公式也必然会得出同样的结论。"这话说得非常好，可是与无机物相比，群体并不见得更能遵守这种组合，他们甚至连理解的能力都没有。只要尝试一下用推理来说服如野蛮人或儿童这类原始的头脑，你就会知道这根本就是白费功夫。

▲ 在希腊罗马世界以及中世纪，人们普遍相信灵魂是一种实体。

★ 荣格

如果想知道理性在与感情对抗时有多么不堪一击，根本不用降低到这么原始的水平，你只需想一下这个事实：在几百年前，甚至连最简单的逻辑都没有的宗教迷信生命力有多顽强，在漫长的岁月里，就连最清醒的天才也不得不对它们俯首听命。即使到了现代，也无人敢大规模地挑战它们的真实性。中世纪和文艺复兴时代开明之士众多，但根本没人通过理性思考，认识到自己的迷信中非常幼稚的一面，或是对烧死巫师、魔鬼的罪行等表示质疑。

我们无须因群体从来不受理性的指引而感到遗憾。因为激励着人类走上文明之路的是幻觉引起的激情和愚顽，人类的理性在这方面用处并不大，这一点毋庸置疑。这些幻觉作为支配着我们的无意识的力量的产物是必须要出现的。每个种族的精神成分中都携带着它命运的定律，哪怕它是一时冲动，哪怕这种冲动显然极不合理，它也只能服从这些定律。有时，各民族好像会为一些神秘的力量所控制，这种力量与让彗星在自己轨道上运行或使橡果长成橡树的力量极为相似。

如果我们想对这些力量有一些了解，就要把研究目标放在一个民族的整个发展过程，而不是这一发展过程中时不时出现的一些孤立的事实上。因为假如我们只考虑这些事实，那么历史就好像变成了一些接连不断的不可能的偶然性所造成的结果。比如，一个加利利的木匠①好像不可能变成一个影响力长达两千年之久的全能的神，并以他为基础形成最重要的文明；再比如说，一小撮从沙漠里冒出来的阿拉伯人，好像不可能征服希腊罗马世界的大部分地区并建立起一个比亚历山大所拥有的领土更大的国家；还有，区区一个炮兵中尉也不大可能在欧洲已经十分发达、各地政权都已有了等级森严的制度的时代中征服众多民族及其国王。

因此，我们还是把理性留给哲人，不要过于强烈地坚持让它参与对人的统治吧。理性并不是一切文明的主要动力，不妨说，虽然理性是存在的，但文明发展的动力仍然是自我牺牲、尊严、宗教信仰、爱国主义及对荣誉的爱等各种感情。

---

① 这里指的是耶稣。因为他的父亲是一名木匠，住在古巴勒斯坦的加利利地区。——译者注

第三章
群体领袖及其说服的手法

现在我们已经对群体的精神构成有所了解，同时也明白了能对他们的头脑产生影响的力量到底是什么。但这些力量是怎样发挥作用的，以及是什么人把它们有效地转变成实践的力量的，这些问题仍需要我们继续进行研究。

群体的领袖

无论是动物还是人，只要有生物聚集在一起，就会本能地接受一个头领的统治。

就人类的群体而言，虽然头领有时只是个小头目或推波助澜的人，但其作用却非常重要。他是各色人等形成组织的第一要素，

◢ 在一个教会中（罗马教会就是典型案例）和在一支军队中——不管这两者在其他方面如何不同——它们的成员都具有同样的错觉，认为自己有一个头领。

★ 荣格

91

他的意志是群体形成意见并取得一致的关键，他为派别的形成奠定了基础。没有了头领，一群人就像失去了头羊的羊群一样手足无措。

领袖最初也只不过是被领导者中的一员，同其他人一样，他也是某种观念的信徒。他痴迷于这些观念，在他眼中除此之外再无他物，一切一切反对的意见对他来说都是谬论或迷信。罗伯斯庇尔就是这方面的例子，卢梭的哲学观念把他弄得神魂颠倒，以至于竟动用了宗教法庭的手段来传播它们。

这里所说的领袖，往往不会是思想家而更可能是实干家。这些实干家的头脑没有那么敏锐，考虑问题也不可能那么长远，因为这种品质通常会让人犹豫不决，我们常常会在那些容易兴奋、神经有问题、半癫狂的也就是处在疯子边缘的人中间找到他们。不管他们追求的目标或坚持的观念多么荒诞，他们的信念都一如既往的坚定，以至于任何理性思维对他们都起不了作用。他们不在乎别人的藐视，或者说别人的轻视只会让他们更加兴奋。他们勇于牺牲自己的一切，在他们身上你找不到人类自我保护的本能，在绝大多数情况下，以身殉职就是他们不懈努力的唯一回报。强烈的信仰使他们的游说能力大大增强，大多数人都愿意听命于意志坚强的人，而他也了解怎样迫使他们接受自己的看法。聚集成群的人会完全丧失自己的意志，本能地去服从一个具备他们所没有的品质的人。

各民族历来不缺少领袖，然而，这些领袖们却并不都是被那种适合于使徒的强烈信念所激励的人。他们往往巧舌如簧，一味地追求私利，靠取悦于无耻的本能来说服众人。尽管利用这种方式可能会产生极大的影响，但这种影响并不会持续很长时间。路德、隐士彼得、萨伏那洛拉之流，以及法国大革命中的各色人物，都是有着狂热的信仰，能够打动群众灵魂的人，他们先是让自己被一种信条弄得神魂颠倒，然后再让别人也神魂颠倒，通过这种方法唤起信众的灵魂中那种牢不可破的力量，这就是所谓的信仰，它能让一个人完全被自己的梦想所左右。

　　不管信仰的对象是一本书、一个人、一种观念，也不管信仰是政治的、宗教的还是社会的，信仰的建立永远是由人群中伟大领袖的作用决定的，他们在这一点上影响力巨大。信仰的力量是人类所能支配的所有力量中最为惊人的，圣经上说，它有移山填海的力量，这绝对是真实的。信仰能让一个人强大十倍。很多历史事件都是无名小卒造成的，而他们除了自己的信仰之外，几乎一无所知。从这个半球扩张到另一半球的帝国或是传遍全球的伟大宗教，它们之所以能够建立，靠的并不是哲学家或学者的帮助，更不

◢人类的集体中再次出现了这种熟悉的图景：一个优越于他人的个人在一群平等的伙伴中居统治地位。
　　★ 弗洛伊德

是怀疑论者的帮助。

不过，在上述这类历史事件中，人们所关注的往往都是那些伟大的领袖人物，他们屈指可数，很容易就能被史学家逐一清点出来。他们构成了一个连续体的顶峰，居于峰顶的是那些地位显赫的主子，下面则是一些为其出力的人，在烟雾缭绕的小酒馆里，他们不停地对那些"同路人"灌输着自己的观念，慢慢地让这些拥护者沉迷其中。实际上，对那些话的含义，他们自己也不太理解，但是根据他们的说法，只要将其付诸实践，一切希望和梦想就都会实现。

无论在社会的哪个领域中，无论是最高贵的人还是到最低贱的人，只要一脱离孤独的状态，就全都会立刻处在某个领袖的影响之下。大多数人，特别是群众中的大多数人，基本上只了解自己的行业，除此之外，对任何其他问题都没有清楚而合理的想法。领袖就是他们的领航者，不过，定期出版物也可以取代他们这一作用，虽然效果常常不尽如人意不佳，但这些定期出版物能制造出对群众领袖有利的舆论，为他们提供现成的套话，使他们再也用不为说理费神。

［1］勒庞相信，领袖人物是通过那些他们自己狂热盲信的观念来使别人认识自己的。
★ 弗洛伊德

群众领袖握有非常专制的权威，这种专制性使得群众对他们绝对服从。我们经常看到，完全不需借助任何后盾，领袖就能轻而易举地让最狂暴的工人对自己臣服。他们可以规定工资和工时比例，他们一声令下就能发出罢工命令，决定何时开始何时结束。

当前，因为政府心甘情愿被人怀疑，以至于自己的力量越来越小，所以领袖和鼓动者窃取政府的位置已经变成了一种趋势。这些新主子的暴政使得群众在他们面前比在政府面前温顺得多。如果出现了某种变故导致领袖退出了政府舞台，那群众就会回到当初那种一盘散沙的状态。在前不久巴黎公共马车雇员的罢工中，随着两个负责指挥的领袖的被捕，罢工立刻就结束了。在群体的灵魂中是当奴才的欲望占上风，而不是对自由的要求占上风，他们总是会倾向于服从，所以不管自称他们的主子是谁，出于本能他们都会表示臣服。

这些首领和鼓动者可以被分成两类，两类的表现明显不同。一类人活力充沛，但其所谓的坚强意志持续时间很短，另一类人正好与他们相反，他们具有持久的意志力，但是人数稀少。前一类人一身蛮勇，擅长领导突发的暴动、带领群众冒死犯难、让新兵一夜之间变成英雄这些事情，第一帝国时代的缪拉和内伊就属于这种人，今天的加里波第也属于这种人物。他虽没有什么长处，却是个充满活力的冒险家，尽管古老的那不勒斯王国拥有一支纪律严明的军队，但加里波第只带领一小伙人就能够拿下它。

不过，这类领袖的充沛活力都是暂时现象，很难延续到让它发挥作用的兴奋事件之后。就如我刚才所说的，当这些英雄回归到日常生活时，他们往往会暴露出最惊人的性格弱点。虽然他们能够领导别人，但当身处最简单的环境下，就似乎无法思考和控制自己的行为。像他们这种领袖，在某些时候，也要被人领导并不断地受到刺激，他们能够发挥自己的作用是因为总是有某个人或观念在指引着他们，有明确划定的行动路线可供他们遵循。而另一类能够持续保持意志力的领袖，尽管不像前者那么光芒耀眼，其影响力却比前者大得多。我们可以从这类人中找到各种宗教和伟业的真正奠基人，如圣保罗、哥伦布和德·雷赛布①，他们可能心胸狭隘，也可能睿智精明，不管怎样都不太重要，因为世界是属于他们的。他们具有持久的意志力，这种既罕见又极为强大的品质足以征服一切，虽然这种品质所取得的成就，并不总能得到充分的评价，但无论上帝、自然还是人，没有任何事情能阻挡住它。

强大而持久的意志能成就什么？关于这一点，德·雷赛布给我们提供了一个很好的例子。他把世界分成了东西两半，这是在过去三千年里最伟大的统治者曾做过尝试，最终却无果而终的。当然，他后来在一项类似的事业上也失败了，但那是由于他年事已高，包括意志在内的所有事情都不得不向衰老屈服。

我们只需看一下与开凿苏伊士运河时必须克服的困难有关的历史，就会知道单凭意志的力量都能完成什么事业。一位历史见证人用简洁的文字却让人印象深刻的文字记录下了德·雷赛布口中的整个故事：

---

① 法国外交家、实业家，主持开凿了苏伊士运河。——译者注

　　时间一天天过去，无论遇到什么事情，他都会一直讲述那个关于运河的惊人故事。他讲述他所战胜的一切，他听到的所有反对的声音，他怎么把不可能变为可能，还有反对他的所有统一战线。所有苦难、失望和挫折，都没能让他心灰意冷。他追忆法国和埃及如何迟疑不决，英国如何打击他，在工程初期他是如何遭到法国领事馆带头反对的，他讲述他所遇到的反对的性质，还说，有人想通过不提供饮水的办法让他的工人因口渴而逃跑。他说，包括工程师和海军部长在内，所有通晓科学知识，经验丰富并且有责任心的人，全都变成了他的敌人，他们全都站在科学的立场上，像预测日食一样，断定灾难正在逼近而且很快就会发生，甚至还能计算出灾难发生的具体时间。

　　虽然我们在涉及所有伟大领袖生平的书中看不到太多人名，但是文明史上最重大的事件却都和这些人名紧密相连。

领袖的动员手段：断言、重复和传染

　　若想在短时间里唤起群体的热情，让他们展开掠夺宫殿，誓死守卫要塞、阵地或其他任何性质的行动，就必须让群体对暗示作出快速的反应，其中榜样的效果最大。而要想达到这个目的，最好能事先在群体所处的环境上多下功夫，特别是能影响他们的那个人，我们希望他能具备一种姑且被称之为"名望"的品质。

　　然而，当领袖们计划用例如现代的各种社会学说等观念和信

念影响群体的头脑时，事实上，他们借助的都是完全不同的手段。其中断言法、重复法和传染法这三种手段最为重要，也十分明确。尽管它们不会立刻生效在短时间内生效，但是一旦生效，就能发挥出持久的效果。

要想让某种观念进入群众头脑，其中最可靠的办法之一，就是不管任何推理和证据，只作出简洁有力的断言。断言越是简明，就会使证据和推理看上去越贫乏，断言的威力也就更大。所有时代的宗教书和各种法典，总是用简单的断言去解决问题，利用广告手段推销产品的商人，号召人们起来捍卫某项政治事业的政治家，他们也都同样深谙断言的价值。

但是，如果断言没有得到不断的重复（而且要尽可能措辞不变）它仍然产生不了真正的影响。我相信拿破仑曾经说过的，重复是唯一重要的修辞方法。要知道，得到断言的事情，是通过不断的重复，才被人们当成真理接受的。

若要理解重复对群体的影响，只要看一看它对最开明的头脑所发挥的力量就可以了。这种力量是来自于这样一个事实：从长

1 就我们所掌握的人类知识而言，我们知道人始终并处处受支配性思想的影响。
★ 荣格

远米看，不断重复的说法会进入我们无意识的自我的深层区域，而这里正是形成我们行为动机的地方。等重复达到一定阶段的时候，我们虽然会忘记我们重复的东西最初是谁说的，但我们最终还是会对它深信不疑，而这也是广告具有惊人的威力的原因。如果我们无数次读到，X牌药粉治好了最知名的人士的顽疾，那么，一旦我们患上了此类疾病，我们肯定也会忍不住去试一下这种X牌药粉；如果我们无数次听到，Y牌巧克力是最好的巧克力，我们就会以为所有人都这样觉得，于是最终我们也会认为Y牌巧克力是最好的巧克力；如果我们总是在同一家报纸上读到，张三是个恶贯满盈的流氓，李四是最实在的老实人，那么，除非我们还看了一份观点完全相反的报纸，否则，我们就会一直相信第一家报纸上所写的。我们说，如果把断言和重复分开使用，那么它们各自具备的强大力量足以让他们大战一场。

如果一个断言总是被有效地重复，而且在重复的过程中也再没人提出反对意见，就像一些著名的金融项目中，富豪能收买所有参与者一样，那么，此时就会形成所谓的流行意见，强大的传染过程就此正式启动。各种感情、观念、情绪和信念，会像病菌一样在群众中迅速传染，这种现象非常普遍，甚至在聚集成群的动物中，也可以发现这种现象。如果马厩里的一匹马啃咬它的食槽，别的马也会模仿；如果羊群中有几只羊感到惊恐，其他羊也很快就会慌乱不安。在聚集成群的人中间，所有情绪也会迅速地蔓延，这就是为什么恐慌往往会突然发生的原因。头脑混乱就像疯病一样，本身就极易传染，众所周知，在自己是疯病专家的医生中，也会不时有人变成疯子。而最近更是有人提出，如广场恐惧症等一些病症，还能由人传染给动物。

所有人在同一时间同处一个地点，并不是他们被传染的必要条件。有些事件能使所有的头脑产生一种特有的倾向和群体特有的性格，即使相距遥远，人们也能受到这种事件的影响，感受到传染的力量，尤其是当人们心理上已经有所准备时，再受到我前面研究过的一些间接因素的影响，就更容易受到传染。例如，1848年的革命运动，它首先在巴黎爆发，随后迅速传遍大半个欧洲，使一些王权受到了猛烈冲击。

我们常常认为影响来自于模仿，可实际上，这是传染造成的结果。关于模仿造成的影响我已经在另一本著作中做过说明，所以在这里我只想引用一段我在15年前说过的话；这些观点已被另一些作者在最近的出版物中做了进一步阐述。

和动物一样，人也具有模仿的天性。因为模仿是如此的容易，所以对他来说模仿是

1 一个没有支配性集体现象的人将是彻头彻尾的反常现象。但是这样的人只存在于离群索居者的种种幻想之中，他们对自己迷惑不解。
★ 荣格

必然的，而时尚的力量之所以强大正是因为这种必然性。无论是观念、意见、文学作品甚至服装，有几个人敢和时尚作对？支配着大众的不是论证，而是榜样。每个时期都有那么几个人和主流作对而受到无意识的群众的模仿，但是这些有个性的人不能过于公开自己的这些观点。否则，再对他们进行模仿就会变得过于困难，至于影响也就更谈不上了。正是出于这个原因，人们通常不会去模仿超前于自己时代的人，这是因为两者的界限过于分明。也是由于这个原因，尽管欧洲人的文明优点很多，但是他们对东方民族影响显得微乎其微，因为两者之间的差别简直太大了。

从长远看，历史与模仿的双重作用，会使同一个时代、同一个国家的所有人变得非常相似，就连那些哲学家、博学之士和文人，他们的思想和风格也会变得非常相似，以至于立刻就能被辨认出他们所属的时代。若要想全面了解一个人读什么书，平时有什么消遣，生活在什么样的环境里，根本无需和他做长时间的交谈。

传染的威力非常大，它主要表现在：（1）能使个人接受某些意见；（2）能让他接受一些感情模式。以《唐豪塞》[①]为例，我们可以知道，某些著作之所以会在某个时期遭到蔑视，罪魁祸首就是传染，而几年后，那些持批评态度的人，又会出于同样的原因，对这些著作大加赞赏。

传染可以使群体的意见和信念得到普及，但是推理却不行。眼下在工人阶级中流行的学说，是他们从公共场学来的，是重复、断言和传染的产物。当然，每个时代创立群众信仰的方式，

---

① 瓦格纳的一部歌剧。——译者注

几乎大同小异。勒南①就曾正确地把基督教最早的创立者比作"把观念从一个公共场合传播到另一个公共场合的社会主义工人"；在谈到基督教时，伏尔泰也注意到，"在一百多年里，只有一些最恶劣的败类才会接受它"。

应当说明，与上面提到的情况相似，传染在作用于广大民众之后，同样会在社会的上层扩散。今天，我们所看到的，社会主义信条正在被那些会成为它首批牺牲者的人所接受就是个很好的例子。传染的威力十分巨大，在它的作用下，个人利益的意识甚至会荡然无存。

由此我们就明白了一个事实：被民众接受的每一种观念，不管看上去有多荒谬，最终总是会以其强大的力量在社会的最上层扎根。社会下层对社会上层的这种反作用让人觉得匪夷所思，因为群众的信念多少总是源自于一种更高深的观念，而这种观念在自己的出生地往往并不流行。领袖和鼓动家一旦为这种更高深的观念所征服，就会将其收归己用，肆意歪曲它，并将那些对观念再次进行歪曲的宗派也组织起来，然后再将其传播到群众中去，让群众变本加厉地进行篡改。当观念变成普遍认同的真理时，它就会重返自己的发源地，影响民族的上层。从长远来看，世界的命运是由智力间接塑造出来的，然而，当哲学家的思想通过我所描述的这个过程获得最终的胜利时，提出观念的哲学家早已不在人世了。

---

① 欧内斯特·勒南（Ernest Renan，1823—1892），法国19世纪著名思想家、史学家，毕生为缓和科学和宗教之间的冲突而奋斗，代表作《耶稣传》《道德和批判文集》《法国的君主立宪制》等。——译者注

名望

当利用断言、传染和重复进行普及的观念，因为环境而获得了巨大的威力时，就会具有一种神奇的力量，这就是人们通常所说的名望。

无论是人还是观念，世界上所有形式的统治力量要想加强自己的权力，主要都是利用一种被称为"名望"的难以抗拒的力量。名望一词的含义大家都不陌生，但因其用法大不相同，所以我们不便给出定义。名望所涉及的感情，既可能是畏惧，也可能是赞赏，没有这些感情它也完全能够存在，虽然有时它们是名望得以建立的基础。只有死人才拥有最大的名望，在这里我指的是那些我们不再惧怕的人，如恺撒、亚历山大、佛祖和穆罕默德，此外还有一些并不为我们所赞赏的虚构的存在，比如印度地下神庙中那些可怕的神灵，但是因为它们具有名望，所以我们还是会害怕它们。

在现实中，某个人、某本著作或某种观念对我们头脑的支配力就是名望。我们的批判能力很容易被这种支配完全麻痹，从而感到敬

> ▲ 勒庞认为一些观点和领袖人物具有一种神秘莫测的、不可抗拒的力量，他称这种力量为"名望"。
> ★ 弗洛伊德

103

畏和惊奇。这种感觉就像所有感情一样难以理解，不过它与魅力人物所引起的幻觉相比好像没有什么不同，一切权力的主因都是名望，不管国王、美女还是神仙，少了它通通不灵。

各种各样的名望总括起来可以分为先天的名望和个人名望两大类。先天的名望来自称号、名誉和财富，它可以独立于个人的名望。与之相反，个人名望基本上为一个人所特有，它可以和财富、荣耀、名誉共存，或者因此得到加强，不过即使没有这些东西，也并不影响它的存在。

先天的名望都比较常见。不管一个人本身有没有价值，只要他占据着某种位置、拥有一定的财富或头衔，就会享有名望。例如，人们总是会对身着法袍的法官、一身戎装的士兵心生敬意，而帕斯卡①十分正确地指出，对法官来说，法袍和假发可是必不可少的装扮，少了这些东西，他们的权威就丢掉了一半。王侯公爵总是让人心生敬畏，就连最桀骜不驯的社会主义者也不例外，正因如此，拥有这种头衔的人在做生意时就能轻

勒庞区分了两种名望，一种是获得的或人为的威望，另一种是人格的名望。
★ 弗洛伊德

---

① 布莱士·帕斯卡（Blaise Pascal，1623—1662），法国数学家、物理学家、思想家。——译者注

而易举地从对手身上获利①。

以上所说的是由人来体现的名望，除此之外，还有一些名望体现在各种意见、艺术和文学作品等事物中，这种名望要经过长年累月的重复才能形成。历史总是在不断地重复一些判断，文学和艺术的历史更是如此。不过，没有谁想证实这些判断，所有人都只是在单纯重复他从学校里学到的东西，直到一些再没人敢提出反对意见的事物和称号为止。有哪个现代读者在研读荷马时不觉得厌烦，可谁又敢说出来呢？帕特农神庙因其就其现存的状态来说，充其量也就是一堆没什么看头的破败废墟，但却因与历史紧密相连而拥有巨大的名望，而阻止我们看到事物的本来面目，让我们的判断力彻底麻木，恰恰就是名望的一大特点。同个人一样，群众对一切事情也会有自己的看法，这些看法的普遍性无关对错，只受制于名望。

接下来让我们来看一下个人的名望。它的性质完全不同于我刚才说过的那些先天的名望，这是一种只为极少数人所具备的，无关头衔和权力的品质，只要拥有它，哪怕不懂得什么统治手段，也能对自己身边的人施以真正神奇的幻术，哪怕这些人与他们的社会地位平等。具有这种品质的人强迫周围的人接受他们的

---

① 在各国甚至包括，我们都能看到勋章、头衔和军装对大众的影响遍布世界各国，就连个人独立意识最发达的国家也包括在内。在这里我引用一本游记里的一些段落，它讲述了英国的大人物所享有的名望："我在许多场合都看到，就连最理智的英国人，也会因为和一个英国贵族扯上了点关系或因为看到了他而兴奋不已。""为了能和他来往，人们会死心塌地地把自己的一切双手奉上。他一露面，人们就激动地脸上泛红；如果能和他说句话，人们就激动地两眼发光。这么说吧，正像德国人热爱音乐、西班牙人热爱舞蹈、法国人喜欢革命一样，英国人血液里流淌着的是对贵族的崇拜。他们对骏马和莎士比亚并没有太多的热情，这些东西带给他们的骄傲和满足也不可能成为他们生活中不可分割的一部分。但是，就像人手一册的《圣经》一样，那些与贵族有关的书却销售火爆，而且几乎随处可见。"——原注

感情与思想，众人会像被训服的动物服从驯兽师一样，对他表现出绝对的服从。

穆罕默德、圣女贞德、佛祖、耶稣和拿破仑……这些伟大的群众领袖都享有这种极高的名望，而这种名望也关乎他们的地位。各路神仙、各种教义，所有英雄豪杰，都是因为拥有撼动人心的力量，才能够在这个世界上大行其道。当然，只要一经研究，他们就会消失不见了。

上述人物早在未成名之前就具备一种神奇的力量，当然，没有这种力量他们也无法成名。举例来说，功成名就的拿破仑是因为手握权力才享有巨大的名望，但当他还没有这种权力，仍然平淡无奇时，就已经部分地具备了这种名望：当时他还是个不出名的将军，权贵们为了保护自己派他去指挥意大利的军队。当时他被一群愤怒的将军包围着，而这些将军一心要给这个总督派来的年轻外来户一点厉害看看。而拿破仑在没有借助任何语言、姿态或威胁的前提下，从一开始，从第一次会面时起，从这些将军看到他的第一眼起，就征服了他们。泰纳利引用当时的回忆录，对这次会面做了生动的说明：

师部的将军中有一个一身蛮勇的武夫奥热罗，他一直对自己的高大身材和彪悍气质而感到十分得意。他怀着对那个由巴黎派给他们的暴发户的满腔怒气来到军营，并决定不理睬有关这个人如何强大的那些描述：一个巴拉斯①的宠儿，一个由于旺代事

---

① 巴拉斯（1755—1820），法国大革命时期的风云人物。在政务上乏善可陈，唯一著名的功绩是发现和举荐了拿破仑。——译者注

件而得到将军头衔的人，在学校里比较出名的就是经常斗殴，却被人誉为梦想家和数学家。所有将军来了之后，拿破仑没有马上见他们，而是让他们在外边等。最后他终于佩剑出现在了他们面前，然后带上帽子，说明了他所采取的措施，下达完命令之后，就毫不客气地让他们离开。奥热罗一直不声不响，直到出门后才重新自信起来，又能像平常那样骂骂咧咧地说话。他也认同马塞纳的看法，这个小个子魔鬼将军让他心生敬畏，同时他不也弄不明白为什么这个人身上的气势一下子就压到了他。

当拿破仑变成大人物后，其名望也随他的荣耀一同增长，至少在他的追随者心目中，他的名望已经几乎可以媲美神灵。大革命时代的典型军人旺达姆将军，这个甚至比奥热罗还要更粗野的莽汉，在1815年与阿纳诺元帅一起登上杜伊勒利宫的楼梯时，对元帅他的谈起了拿破仑："那个魔鬼般的人物对我施了幻术，连我自己也搞不明白他为什么会这么厉害，以至于一看到他，我就像个害怕的孩子一样禁不住哆嗦。他简直能够让我钻进针眼，投身火海。"

只要和拿破仑接触过的人，都能被他身上的这种神奇力量所影响。[1]拿破仑的名将之一达武在谈到马雷[2]和他本人的奉献精神

① 拿破仑完全清楚自己的名望，他知道，只要他把自己身边的人看得连马夫都不如，他的名望就会更大，而且就连那些身处国民议会中令欧洲人闻风丧胆的著名人物也都包含在内。当时的许多的闲谈都聊到过这些事。比如，拿破仑曾在一次国务会议上，像对待男仆一样粗暴地羞辱过伯格诺。效果达到后，他走到这人面前说："喂，笨蛋，你知道你的脑子在哪里了吗？"伯格诺，这个如鼓手长一般高大的人，深深地弯下腰，然后让那个小个子伸手揪住他的耳朵，把他提了起来。这是令人心醉的宠信的表示。伯格诺写道："这是主人在发怒时常见的亲昵举动。"由此事例我们可以清楚地看到，名望可以产生多么无耻的陈词滥调，从中，我们也能看到大暴君对他的喽啰们有多蔑视——他们只是他眼中的"炮灰"。——原注

② 拿破仑的国务秘书，外交大臣。——译者注

时说："假如皇帝对我们说，'毁灭巴黎，别放过一个人，这对于我的政策非常重要'，我相信马雷是会为他保密的，不过他还不至于顽固到不愿意让自己的家人离开这座城市。可我却会因为怕事情泄露而把我的妻儿留在家里。"

要牢记这种命令所产生的让人神魂摇动的惊人力量，如此才能理解拿破仑从厄尔巴岛[①]回到法国的壮举——当时他仅凭孤身一人，就能闪电般地将一个已经厌倦了他暴政的大国即整个法国再次征服。而那些被派来阻挡他，并曾发誓要完成自己使命的将军们，却只在拿破仑的一瞥之下，便不约而同地屈服了。

拿破仑，这个来自他的王国厄尔巴岛的逃犯，几乎是独自一人重返法国，然后仅用了几周时间便推翻了合法国王统治下的所有法国权力组织。谁还能找出比这更惊人的，证明一个人的权力的方式？在他最后的这场战役中，从头至尾，他都令人叹服的气势压倒了同盟国。同盟国被他牵着鼻子走，差一点就把他打败！

拿破仑的名望比他的寿命还要长，而且随着时间的流逝有增无减。他的一个本来默默无闻的侄子因为他的名望变成了皇帝，直到今天，关于他的传奇故事还一直被人们广泛传颂，可见人们是多么的怀念他。只要你有足够的名望和才能，人们就能允许你随心所欲地迫害人，就能允许你为了一次次的征伐，而断送数百万人的生命。

[①] 意大利中部托斯卡纳大区西边海域的一个岛屿，曾为拿破仑的流放地。——译者注

不错，我所讲的这些关于名望的例子都很不同寻常，但是提及这些事例的确有助于我们更好的解那些伟大的宗教、伟大的学说和伟大的帝国的起源，如果没有这种名望对群众的影响，这些发展就会成为神乎其神的事情。

但是，名望并不是完全来源于个人的权势、军事业绩或宗教敬畏，也可以来源于普通事物，其产生的力量也十分惊人。本世纪（19世纪）就能找到很多实例，例如，那个把大陆一分为二，改变了地球面貌和通商关系的著名人物雷赛布。他的强大的意志力和无穷魅力帮助他成就了自己的事业，用行动去克服无数的发对声音。他言语简洁，他的魅力甚至可以把敌人变成朋友。英国人尤其反对他的计划，但是他在英国一出现，就争取到了所有选票；在他晚年路过南安普顿时，一路上教堂钟声不断；如今在英国，人们又要为他树立一座塑像。

当雷赛布征服了必须征服的一切，包括沼泽、岩石、沙地、人和事之后，他自信再没有什么事情是他克服不了的，于是，打算按老办法着手在巴拿马再挖一条苏伊士运

◢ 勒庞讨论了不同性质的领袖，以及他们对群体施加的手段。他总体上相信，领袖们是借助他们本人狂信的那些观念来使自己存在。而且，他把某种神秘的也是不可抗拒的力量既赋予了这种信念也赋予了这些领袖，他称之为"威信"。

★ **弗洛伊德**

河，可惜，他当时年事已高。此外，尽管有决心移山填海，但是如果那山确实太过高大，也是没办法移动的，所以，山所进行的抵抗及后来发生的灾难，使这位英雄身上耀眼的光环最终黯淡下去。雷赛布的一生让我们看到了名望是如何出现和消失的。在成就了足以媲美史上最伟大的英雄的业绩之后，雷赛布却被自己家乡的官僚判定为最下贱的罪犯。他的去世没引起任何人的关注，当他的灵柩经过时，民众无动于衷，像对待历史上每个最伟大的人一样，只有外国政府怀着敬意去纪念他①。

也许上述例子仍显得有些极端。但是，如果想细致地研究有关名望的心理学，就应该把它们置于一系列事例中的极端之上；这个系列的一端是用一项新帽子或一件新服饰向邻居炫耀的人，另一端则是宗教和帝国的创立者。

在这一系列事例的两极之间，科学、艺术、文学等文明中的

---

① 维也纳的《新自由报》，这家奥地利报纸用不短的篇幅讨论了雷赛布的一生，其中有些思考绝对称得上是最卓越的心理学见识，所以我将它们进行了转引：

"既然费迪南·德·雷赛布受到了指控，那今后人们也就没有权利再对哥伦布的悲惨下场表示难过了。假如说雷赛布是个骗子，那么所有高贵的幻想便都是犯罪。因为他改变了地球的面貌，完成了使万物更加完美的任务，所以古人会让他佩戴荣耀的光环，让他饮下奥林匹克的甘露。上诉法院的首席法官因为指控费迪南·德·雷赛布而声名赫赫，因为各民族总是需要一些宁愿贬低自己的时代，也要把把信徒的帽子扔向一位老人（这位老人一生都在为当代人增光）的人。"

"再也不要站在资产阶级对大胆创举咬牙憎恨的地方，来谈论那些坚不可摧的正义的未来！民族需要的是充满自信，克服重重困难，不顾个人安危的勇士。天才不会是那些谨小慎微的人，因为一味谨小慎微，是扩大不了人类的活动范围的。"

"……费迪南·德·雷赛布体会到了凯旋的狂喜与挫折的创痛——苏伊士和巴拿马。在这方面，这颗心反叛了成功的道途。当雷赛布成功地连接起两个海洋时，他就是人民和国王的英雄；当他在科迪雷拉斯的岩石面前失败时，他就是个没有教养的骗子。……在这个结局中我们看到了社会不同阶级之间的矛盾，看到了雇主们和资产阶级的不满，他们通过刑法来报复那些在其同胞中表现出众的人，现代立法者会在面对人类天才高远的理想时满怀窘迫，而公众也理解不了这些理想。仅通过一个大律师，就能轻而易举地证明斯坦利（比利时著名探险家）是个疯子，德·雷赛布是个骗子。"——原注

不同因素所导致的各种不同形式的名望，都能占据一席之地，而且我们还能看到，说服群众的基本因素中也包括名望。在传染的作用下，享有名望的人、观念或物品，会立刻受到人们无意识地模仿，从而对整整一代人产生影响。说得更具体一些，因为这种模仿通常是不自觉的所以也就更加彻底。现代画家对原始人的僵硬姿态和单调色彩进行单纯地临摹，这绝不会像自己进行创作那样富有生命力，尽管他们相信自己的真诚，但如果没有哪个杰出的大师能把这种艺术形式复活，那他们最终只能呈现给人们幼稚低级的一面。那些模仿另一位著名大师的艺术家，在自己的画布上涂满了紫罗兰色的暗影，但是他们并没有看到过自然界中比50年前更为久远的紫罗兰。他们欣赏这位大师的古怪个性，沉迷于大师给他们留下的特殊印象，他们受到了这位大师的"暗示"，而这位大师成功地获得了巨大的名望。在文明的因素中，我们可以找到很多与此相类似的例子。

综上所述，虽然名望的产生与若干因素有关，但是成功永远是名望最重要的来源之一。仅仅因为成功这一事实，每个得到承认的观念，每个成功者，便不会再被人们怀疑。成功是通向名望的主要阶梯，之所以这样说，是因为一旦失败，名望也总是随之消失。例如，如果哪个英雄失败了，那么即使他昨天还受群众拥戴，今天也必会受到侮辱。当然，一个人的名望越大，群众对他的反应也会越强烈，在这种情况下，群众会对末路英雄进行报复，会为自己曾向一个已不复存在的权威俯首称臣而叫屈。例如，当年罗伯斯庇尔享有巨大的名望时，曾经处死过很多人，其中也包括自己的同伙，然而，当因为缺了几张选票而被剥夺了权力时，他的名望便立刻消失了，于是就像不久前对待他的牺牲品那样，群众又齐声咒骂着将他送上刑场。要知道。以前神灵的塑像最后总是被其信徒们叫骂着打碎的。

缺少成功的名望消失的速度很快，而若是在探讨中逐渐消磨，消失的就会慢一些。无论怎样，探讨的力量还是非常可靠的。因为当名望被当做问题议论时，便不再是名望，所以，能够长期保持名望的人与神，从不对探讨稍加辞色，为了得到群众的信仰，他们必须同探讨保持距离。

1 勒庞的叙述给我们留下了这样一个印象，好像他并没有将领袖的作用和威望的重要性与他那对集体心理固景的卓越描绘十分融洽地结合起来。

★ 弗洛伊德

第四章
群体的信念与意见的变化范围

牢固的信念

心理特征和生物的解剖学特征在某些地方非常相似。而某些解剖学特征比较稳定，只会发生轻微改变或是根本不易改变，即使发生改变也要以地质年代来计算。当然，除此之外，也有一些特征是极易变化的，甚至只需利用园艺技术和畜牧很容易就能加以改变，以至于观察者有时无法发现那些基本特征。

道德特征中也存在同样的现象。一个种族除了有不可变的心理特征外，还会具备其他一些可变因素，因此在研究一个民族的意见和信仰时，总会看到一些嫁接在一个牢固的基础结构之上的的意见，它们如同岩石上的流沙一样多变。

由此，可将群体的信念和意见分成迥然不同的两类：一类是我们那些重要而持久的信仰，它们可以历经数百年而不变，整个文明可能就是以它们为基础而建立起来的。例如，过去的封建主义、新教和基督教，如今的民族主义原则、社会主义和民主观念。另一类是一些易变而短暂的意见，它们通常是每个时代的某些普遍学说的产物，这方面的例子可以从影响文学艺术的各种理论中去寻找，比如那些产生了浪漫主义、神秘主义或自然主义的理论。这些意见就像时尚一样多变，所以通常都是表面的，它们就像一池深水的表面不断消失和出现的涟漪。

文明的真正基础是由普遍信仰构成的，它们数量十分有限，其兴衰是每个文明种族的历史上引人瞩目的大事。

想让一种信仰在群众头脑中长久扎根，比用一时的意见影响群众困难得多，不过，这种信念一旦确立，要想根除它也非常困难，除非使用暴力革命的手段。而当信念对人们的头脑几乎已完全失去控制力时，也要借助于革命，因为在这种时候，人们往往会因为习惯势力的阻碍而无法彻底放弃那些已经过时的东西，而革命要做的，就是对这些东西做最后的清理。一种信念的末日，其实就是一场革命的开始。

一种信念的价值开始受到置疑的时刻，就是它开始衰亡的确切时刻。一切普遍信念都是一种虚构，只要受到审察就无法生存。

根据信念建立起来的制度力量十分强大，哪怕这种信念已经岌岌可危，这种制度也会消失得十分缓慢，直至信念的余威完全消失时，建立于其上的一切才会很快开始衰亡。到目前为止，还没有哪个民族能在坚定破坏其全部文明因素的决心前就转变自己的信仰，这个民族会在一种无政府状态中继续这一转变过程，直到停下脚步接受一种新的普遍信念为止。文明离不开普遍信念，它们决定着各种思想倾向，只有它们才能够激发信仰并形成责任意识。

各民族本能地知道，普遍信念的消失就意味着它们即将衰败，所以他们一直铭记获得普遍信念的好处。对罗马的狂热崇拜，使罗马人产生了能够征服世界的信念；当这种信念消失的时候，罗马也注定衰亡。而对那些毁灭了罗马文明的野蛮人来说，要想做到这一点，前提是必须具备某种共同接受的信念，使他们团结一致，摆脱了无政府状态。

各民族在捍卫自己意见时总是表现得很狭隘，很明显这事出有因。事实上，这种对哲学批判表现出来的不宽容态度，代表的是一个民族生命中最重要的品质。在中世纪，正是为了坚持或寻求普遍信仰，那么多的发明创新者才会被施以火刑，而就算他们逃脱了殉道，也会在绝望中死去，也正是为了捍卫这些信念，世界上才会常常上演一幕幕最可怕的混乱、战争，才会有成千上万的人失去生命。

建立普遍信念的道路上荆棘遍布，不过只要它站稳了脚跟，就会具有不可征服的力量且长时间有效，无论从哲学的角度看，这种信念有多荒谬，都不能阻止它进入最清醒的头脑。在长达1500年的时间里，欧洲各民族一直都认为，那些像莫洛克神①一样野蛮②的宗教神话是不容争议的。有个上帝进行自我报复的方式是让儿子承受可怕的酷刑，而他之所以这样做只是因为自己创

① 古代腓尼基人信奉的火神，以儿童为祭品。——译者注
② 这里的野蛮是就哲学意义上说的。事实上，它创造出了一种全新的文明，让人类1500年间窥探到了大量迷人的梦境和希望。——原注

把催眠与一种群体
形式相比较并不是一
个好对象，因为它与
一种群体形式是等同
的，千真万确。
　　★ 弗洛伊德

造出来的动物不听话，这个神话流传了10多个世纪的时间，居然一直没人意识到它有多荒谬，甚至就连牛顿、莱布尼茨、伽利略这些有过人天赋的人，也从未怀疑过这种说教的真实性。这是普遍信仰具有催眠作用最典型的案例，它确切地表明，我们的理智有着令人汗颜的局限性。

只要新的教条在群体的头脑中扎根，就会滋生出各种生活方式、制度和艺术来鼓舞人们。此时，它对人们实行着绝对的控制。实干家致力于将它变为现实，立法者致力于它的付诸实行，哲学家、艺术家和文人则致力于以何种方式表现它，所有人都在为它神魂颠倒。

基本信念中也能派生出一些短暂的观念，但这些观念始终无法抹去它们赋予的印记。埃及文明、阿拉伯地区的穆斯林文明、中世纪的欧洲文明，都是少数几种宗教信仰的产物，这些文明中所有的事物都留下了一眼就能辨认出来的印记，即使最微小的事物也不例外。

得益于这些普遍信念，每个时代的人才能在一传统、意见和习惯都基本相似的环境中成长，他们不能摆脱这些东西的束缚。人的行为首先受他们的信念支配，也受由这些信念所形成的习惯支配，这些信念支配我们生活中的一言一行，连最具独立性的精神也摆脱不了它们的影响。这才是真正的暴政，它会神不知鬼不觉地支配着你的头脑，却让你无法同它作战。尼禄、拿破仑和成吉思汗确实都是可怕的暴君，可实际上，躺在坟墓深处的摩西、佛祖、穆罕默德和耶稣，对人类实行的专制统治才更为深刻。人们可以通过密谋来推翻暴君，可我们要用什么来反对牢固的信念呢？在同罗马天主教的暴力对抗中，最终屈服的是法国大革命，尽管它采用了像宗教法庭一样无情的破坏手段，尽管群体显然站在它这一边，都无济于事。从始至终，人类所知道的唯一真正的暴君，就是他们为自己编织出来的幻想或他们对逝者的怀念。

从哲学的角度看，普遍的信念往往十分荒谬，但这从来不会阻碍它们获胜。当然，如果这些信念缺少了能提供某种神奇效果的荒谬性，它们也无法获胜。因此，尽管今天的社会主义信念有那么多明显的谬误，它们

◢ 如果他确信这些理念和信条有意义，则能够忍受最惊人的苦难；而如果他在承受住自己的所有不幸之后，不得不承认自己的追求不过是"痴人说梦"，则他会被压垮。

★ 荣格

仍旧赢得了群众。不过，由此我们可以得出一个结论，那就是，社会主义信念在所有宗教信仰面前，只能算是相对低级的信仰。因为宗教信仰所提供的幸福理想只能等到来世实现，因此也无法反驳它，而社会主义的幸福理想要在现世得到落实，只要有人想努力实现，它的许诺中的空洞就会暴露在大家眼前，以至于变得声名狼藉。因此，一旦社会主义信念获得胜利，开始实现自身，那么，也就意味着它的力量不会再继续增长，正因如此，虽然这种新宗教也是以产生破坏性影响为起点；在这一点上，与过去所有的宗教没什么不同，但它并不能在将来发挥创造性的作用。

群体意见的多变性

在上文中，我们对牢固信念的力量进行了阐述，不过，不能忽略的是，在这个基础的表面，还会滋生出一些观念、意见和思想，其中的一些可能寿命极短，较重要的也不会超过一代人的寿命。我们已经指出，因为总是受到某些种族意识的影响，这种意见的变化有时不过是些表面现象。例如，在评价法国政治制度时我们曾说过，虽然就表面上看各政党极为不同，可以分成保守派、激进派、社会主义者、帝国主义者等，但实际上它们的理想都是绝对一致的，都是由法兰西民族的精神结构决定的，而在另一些民族中，在相同的名称下会看到一些完全相反的理想。不管怎样骗人，也不管给那些意见起什么名字，都改变不了事物的本质。大革命时代的人被拉丁文学所浸染，他们的眼睛只盯着罗马共和国，采用它的法律、它的法袍、它的权杖，但他们并没有成为罗马人，因为他们并没有像罗马人那样处在一个有着重大历史意义的帝国统治之下。研究是什么在暗地里支撑着古代信念的表面变化，在不断变化的意见中找出受普遍信念和种族特性决定的成分，这就是哲学家的任务。

在没做这种哲学上的检验之前，人们一直认为群众会经常随意改变他们的政治或宗教信念，因为包括政治、艺术、宗教或文学在内的一切历史，似乎都证明了事情确实如此。让我们以法国历史上的1790—1820年为例，这短短的30年正好是一代人的时间。我们看到，在这段时间，开始是保皇派的群体变得特别革命，继而换成了极端的帝国主义者，最终又变成了君主制的支持者；在宗教问题上，他们最初秉承天主教，然后倒向无神论，接着倒向自然神论，最后又重新回到了最坚定的天主教立场，这些变化在群众和他们的领导者之中同时发生。让我们感到吃惊的是，那些国民公会中的要人，国王的死敌、既不信主子也不信上帝的人，竟让也变成了拿破仑恭顺的奴仆，然后又路易十八的统治下，手持蜡烛身怀敬意地走在宗教队伍中间。

之后的70年间，群众的意见又数度发生变化。于是，两度受到法国入侵的俄国，看着法国的倒退心满意足地成了法国的朋友；19世纪初"背信弃义的英国佬"在拿破仑的继承者统治时期，也开始与他结盟。

在文学、哲学和艺术中，随后的意见变化得更为迅速：浪漫主义、神秘主义和自然主义等，你来我往，轮番登场，昨天还受着吹捧的作家和艺术家，明天就变成了人人喊打的过街老鼠。

◤ 人肯定需要普遍性的理念和信条，以赋予自己的人生以意义、并借以找到自己在世界中的位置。

★ 荣格

然而，如果对所有这些表面的变化进行深入分析就能发现，一切违背民族的情感及普遍信念的东西，都不能长久，逆流不久还是要回归主流。而那些与种族的任何情感或普遍信念毫不相干，从而不会具有稳定性的意见，只能任由机遇摆布，当然，如果有可取之处还会根据周围的环境而发生变化，但不管怎样，它们都只能是在暗示和传染的作用下形成的一种暂时现象，就像海边沙滩上被风吹成的沙丘一样来去匆匆。

现在，群体中易变的意见比以往任何时候都多，这是由以下三个原因造成的。

第一，往日的信仰正在一天天地失去影响力，因此它们再也不能像过去那样，能够形成当时的短暂意见。普遍信仰的衰落，让许多既无历史也无未来的偶然意见找到了落脚之地。

第二，群众的势力随着其不断地发展壮大越发得不到有效地制衡。群体观念的极度多变越来越表现得随心所欲。

第三，最近，报纸行业的迅猛发展让群众不断地看到更多完全对立的意见。每一种个别的意见所产生的暗示作用，很快就会被和它对立意见的暗示作用所破坏，于是，任何意见都无法被普及，只能稍纵即逝。换句话说，在今天，一种意见还没来得及成为普遍意见，便已灭绝。

这三个原因使世界史出现了一种全新现象，同是也是这个时代最有代表性的特点，在这里我指的是政府在领导舆论方面的无能。

就在不久以前，少数作家、屈指可数的几家报纸及政府的措施还是公众舆论真正的反映者，可如今，作家丧失了影响力，报纸也只反映意见。不要奢望让政客来领导意见，他们能够迅速了解各种意见就已经不错了。事实上，他们根本就是害怕甚至恐惧意见，正因如此，他们的行动路线极不稳定。

群体的意见逐渐倾向于变成政治的最高指导原则，它甚至已经发展到了能够迫使国家之间结盟的地步，举例来说，最近的法俄同盟几乎完全就是由一场大众运动导致的。目前人们总会看到一种奇怪的现象，那就是国王、教皇和皇帝们也在同意接受采访，这似乎表明，在某个问题上的看法他们也愿意把自己交给群众来评判。过去人们常说，在政治事务上不能感情用事，这在当时可能还算是正确的，但是在政治日益受到多变的群众冲动的支配，而他们只受情绪支配的今天，还可以再这样说吗？

像政府一样，过去致力于引导意见的报纸行业，如今也开始自贬身份迁就群众。因为它只一味反映群众的意见及其不断的变化，所以影响力仍然相当大，而既然它已经变成了仅仅提供信息的部门，便不再试图让人们接受某种观念或学说了，为了不至于失去自己的读者，为了在竞争中取胜，它只能让自己在公众思想的变化中随波逐流。像过去的《论坛报》《宪法报》或《世纪报》等稳定、有影响力的报纸，是上一代人心目中智慧的传播者，可如今，它们要么变成典型的现代报纸，将最有价值的新闻置于各种轻松话题、社会见闻和金融谎言之间，要么就干脆已经消失。现在，为了经济利益，没有哪家报纸能够允许它的撰稿人传播自己的意见，因为读者只想在报纸上得到消息，所有经过认真思考后做出的断言都会让他们感到怀疑，对于他们来说，这种意见简直不足挂齿。甚至就连评论家也不敢再断言哪本书或是哪台戏能获得成功，他们能做的就只剩下挑剔、中伤，而报社非常清楚，这些批评其实都是无用的东西，于是他们开始压制批评，只只简单提一下书名，再添上两三句"捧场的话"。在接下来的20年时间里，戏剧评论恐怕也要面临同样的命运。

对于今天的报社和政府来说，当务之急就是要密切关注各种意见。它们需要在没有中间环节的情况下知道一个事件、一次演说或一项法案所造成的效果。当然，这个任务并不轻松，因为群众的想法非常善变，对他们昨天还赞扬的事情今天便给予痛骂，这种做法在群众中更为常见。

没有引导意见发挥作用，加上普遍信仰的毁灭，最终造成的结果就是群众对一切秩序都存在极端分歧的信念，并且对于一切与自己直接利益无关的事情都漠不关心。只有在像矿山工人或是工厂工人这些没有文化的阶层中间，才能找到对社会主义这种信条信誓旦旦的拥护者。而中产阶级的下层成员及受过一些教育的工人，不是随时会更改意见，就是变成了彻底的怀疑论者。

　　过去25年朝向上述方向的演变其速度十分惊人。而在据此不远的时期内，因为接受了一些基本的信仰，所以人们的意见大体上还能形成一致。如果某人坚定拥护君主制，便可判定他拥有某些明确的科学观和历史观；如果某人是共和主义者，便可以说他与君主制拥护者的观点完全相反。拥护君主制的人坚持认为，人不是从猴子变过来的，而共和主义者同样坚持认为，猴子就是人类的祖先。拥护君主制的人要站在君主的立场上，替王室说话，而共和主义者则必须怀着对大革命的崇敬发言，当提到马拉、罗伯斯庇尔等人名时，必须语气虔诚，还有一些人名，如言及恺撒、拿破仑、奥古斯都等人时，必须言辞激烈予以猛烈的攻击。就连在法兰西的索邦[①]，这种理解历史的幼稚方式也普遍存在着[②]。

　　现在，一切意见都因分析和讨论而失去了名望；它们的特征消逝的极快，因为持续的时间不长，所以很难唤起我们的热情，对这一切，现代人已经变得越来越无动于衷。

　　不必因意见的衰退而过分悲伤，毫无疑问，这代表着一个民族的生命正在衰败。当然，与那些只会否定、麻木不仁或是只懂

[①] 索邦神学院为巴黎大学的前身。——译者注

[②] 就此方面来看，法国官方任命的历史教授写下的一些东西要理解起来十分不容易，它们充分证明了法国的大学教育制度究竟有多缺乏批判精神。为了对此进行证明，我引用了兰先生《法国大革命》一书中的两段话：

　　"攻占巴士底狱不但是法国历史，也是整个欧洲历史上一件登峰造极的事件，而且它也开创了世界史的一个新纪元！"

　　有关罗伯斯庇尔的相关记载是："他的独裁更多的是以舆论、道德威信和说服力为基础而建立起来的；这是一种掌握在高尚者手里的教皇权位。"这些话简直让人摸不着头脑。——原注

批判的人相比，伟人、智者、民众领袖和使徒，总之，一切拥有强烈信念、真诚的人都能发挥巨大的影响。不过我们不要忘记，因为目前群众的势力庞大，因此，只要哪种意见拥有了足够的声望，已被群众普遍接受，那么在极短的时间内它就会拥有强大的专制权力，它能让一切事物对它俯首称臣，并使言论自由的时代一去不复返。偶尔群众也会像梯比留斯和赫利奥加巴勒一样，表现的像一个步态悠闲的主人，但他们更多的时候也是反复无常且狂暴的。当某种文明被群众占了上风时，它便几乎不可能再延续下去了，而唯一能推迟它灭亡的，就是极不稳定的群众意见，以及他们对一切普遍信仰的漠不关心。

第三卷
各种类型群体的分类和特点

群体状态或支配群体的力量与野蛮状态相近似，或者说是向这种状态的回归。正是通过获得结构稳定的集体精神，种族才使自身在越来越大的程度上摆脱了缺乏思考的群体力量，走出了野蛮状态。

——古斯塔夫·勒庞

第一章
群体的分类

有关群体心理的基本特点我们已经作了论述，但对于在一定刺激因素的影响下，不同类型的集体变成群体时各自会具有哪些特点还没有进行详细说明。我们首先简单地介绍一下群体的分类。

我们先从简单的人群开始。当许多人组成的人群分属于不同种族时，它呈现给我们的就是它最初级的形态，这时，唯一能将人们团结起来的共同因素，就是头领那多多少少该受到尊敬的意志。那些在相当长的一段时期内，不断进犯罗马帝国的野蛮人，来源非常复杂，因此可以被视为这种人群的代表。

◢在"群体"一词下面，有可能出现非常不同的结构，需要把他们区分开来。

★弗洛伊德

与那些由不同种族的个人组成的人群相比，因在某些影响下取得了共有特征而最终形成一个种族的人群显然属于更高的层面，它们有时会表现出某些群体的特征，不过从某种程度上来说，这些特征是战胜不了种族因素的。

经过本书讲述过的某些影响的作用，这两种人群可以转化成有机的或心理学意义上的群体。这些有机的群体可以被分成如下两类：

1. 异质性群体

a. 无名称的群体（如街头群体）

b. 有名称的群体（如陪审团、议会等）

2. 同质性群体

a. 派别（政治派别、宗教派别等）

b. 身份团体（军人、僧侣、劳工等）

c. 阶级（中产阶级、农民阶级等）

下面我们大概地讲一下这些不同类型群体各自的特征。

异质性群体

这种异质性群体是具有不同特点、不同

⚑ 就我们对各种形态的群体的了解可以得知，区分不同类型的群体和他们不同的发展路线，这是可能的。

★ **弗洛伊德**

职业、不同智力水平的个人组成的，本书前面一直在讲的就是这个群体的特点。

由事实可知，作为行动的群体中的成员，个人的集体心理与自身的个人心理有着质的差别，他的智力也会被这种差别所影响。我们已经了解，集体不受智力因素的支配，它只受无意识情绪的支配。

不同的异质性群体因种族这个基本因素而完全不同。

我们常常提到种族的作用，指出它是决定人们行动的最强大的因素。它的作用在群体的性格中也有所体现。假如一个偶然集合在一起的个人组成的群体中都是英国人或中国人，那么，他们同有着任何不同特征但属于同一个种族的个人（如西班牙人、俄国人、法国人）组成的群体之间就会有天壤之别。

当环境造就了一个群体，并且（尽管这种情况极其少见）其中有着几乎同比例的不同种族的个人时，不管他们是因多么一致的利益聚集在一起的，他们所继承的心理成分给人的感情和思想方式造成的巨大差异，都会立刻变得非常突出。在大型集会中，社会主义者试图把不同国家的工人代表集合在一

▲西盖勒、勒庞及其他人论证是短暂存在的群体——各种各样个人因某种眼前的利益而匆匆聚集起来。

★弗洛伊德

起的努力，最终总是以公开的分歧结束。所有拉丁民族的群体，不管它原本有多么革命或多么保守，为了实现自己的要求，都会要求国家进行干预，它总是倾向于集权并且总是或明或暗地倾向于赞成独裁。而美国人或英国人的群体却正好与之相反，他们根本就不拿国家当回事，只会要求个人的主动精神来帮助自己。英国人的群体注重的是自由，法国人的群体注重的是平等。通过了解这些区别我们找到了有多少种不同形式的社会主义和民主就会有多少个国家的原因。

由此我们可知，种族的气质对群体性格产生的影响有多么重要，它限制着群体性格的变化，对它起着决定性的作用。所以我们说，群体的次要性格因为种族精神的强大而显得并不是特别重要了，这几乎成了一条基本规律。群体状态或支配群体的力量与野蛮状态相近似，或者说是向这种状态的回归。正是通过获得结构稳定的集体精神，种族才使自身在越来越大的程度上摆脱了缺乏思考的群体力量，走出了野蛮状态。除了种族因素，对异质性群体最重要的分类，就是把它们分为如街头群体这样无名称的群体，及如精心组织起来的议会和陪审团这样有名称的群体两大类。而他们之所以在行动上表现出很大的差异，原因就是前一种群体缺乏责任感，而后一种群体则发挥了这种责任感。

同质性群体

同质性群体包括：（1）派别；（2）身份团体；（3）阶级。

同质性群体建立过程的第一步是派别。一个派别包含在教育、职业和社会阶级的归属方面大不相同的个人，他们通过共同的信仰这一纽带被连接在一起。政治派别和宗教就是这方面的例子。在能组织起群体的因素中，身份团体是最容易成功的一个。派别中的个人职业、教育程度和社会环境都大不相同，他们只是被共同的信仰联系起来的，而身份团体是由职业相同的个人组成，因此他们也有相当一致的社会地位和相似的教养，如僧侣团体和军人就是这方面的例子。

阶级不同于派别，它由来源不同的个人组成，不是因信仰，也不像身份团体那样，是因为相同的职业才被联系到一起的，让他们结合起来的是某种利益、生活习惯及几乎相同的教育。中产阶级和农民阶级就是这方面的例子。

有关同质性群体（派别、身份团体和阶级）的部分我会在另一本书中进行讨论，在本书中我不打算介绍这种群体的特点，这里我们只讨论异质性群体。在结束对异质性群体的研究时，我会考察一下几种典型的特殊群体。

假如那些个人在一个集体中被联合成一个整体，那就必定有一种把他们联合起来的纽带。这种纽带可能恰恰就是显示一个集体的特征的东西。

★ 弗洛伊德

第二章
被称为犯罪群体的群体

群体在兴奋期过后会进入一种纯粹自动的无意识状态，在此种状态下，各种暗示都能对它起到支配作用，因此似乎很难将它定义为一个犯罪群体。但是因为最近一些心理学研究使它变得十分流行，所以我还是保留了这一错误的定性。的确，如果仅就其本身来说，群体的一些行为确实称得上是犯罪行为，但是在某些情况下，这跟一只老虎为了消遣而让其幼虎把一个印度人撕得血肉模糊，然后再把它吃掉的行为根本没什么不同。

与平常的犯罪大不相同的是，群体犯罪的动机通常来源于一种强烈的暗示，以至于参与这种犯罪的个人事后会坚信他们的行为是在履行责任。

我们可以由群体犯罪的历史得知事实真相。

巴士底狱监狱长遇害一案可以作为一个典型的案例。一群人攻破这位监狱长的堡垒后，兴奋地将他围在中间拳打脚踢。有人建议吊死他，砍下他的头，把他拴在马尾巴上。在反抗过程中，他不小心踢到了一个在场的人，于是有人建议，让那个挨踢的人割断监狱长的喉咙，这一建议立即得到了一致赞同。

一个刚干完活无所事事的厨子，怀着好奇心来到巴士底狱，本是想看看发生了什么，然而因为普遍的意见告诉他这样做是爱国的表现，于是他也同样相信了，甚至认为如果杀死一个恶棍，自己应该被奖励一枚勋章。他用借来的一把钝刀切那裸露出来的脖子，结果没能切动，于是便掏出兜里一把黑柄小刀（因为他是厨子，所以对切肉应当很有经验），成功地执行了命令。

> ◢ 对无意识的认同会导致意识的削弱，这便是危险所在，虽然如果人们不"制造"一种认同，他们就无法"认识自己"。
> ★ 荣格

这个例子清楚地反映出了暗示过程的作用。我们服从别人的怂恿，它会因为来自集体而更为强大，杀人者认为自己是做了一件很有功德的事情，既然他得到了无数同胞的赞同，他这样想也是理所当然的。这种事从心理上讲不是犯罪，但从法律上讲就是在犯罪。

犯罪群体的一般特征与所有群体所具有的特征基本一致，二者同样表现出易受怂恿、易变、轻信，将良好或恶劣的感情加以夸大，等等。

看一下参与"九月惨案"的群体——这个法国历史上留下最残忍记录的群体，我们就会发现，在他们中间上述特征应有尽有。实际上，这一群体与制造"圣巴托洛缪惨案"的群体非常相似。在这里我引用了根据当时泰纳的文献所做的详细描述。

没有人准确地知道杀掉犯人空出监狱的命令到底是谁下的。可能是丹东，也可能是别的什么人，不过，这不太重要，在这里，我们关心的是参与屠杀的群体受到了强烈的怂恿这样一个事实。

这个杀人群体大约杀了300人，它是个彻头彻尾的异质性群体。成员中除去少数职业流氓，再就是各行各业的手艺人和一些小店主，如锁匠、靴匠、泥瓦匠、理发师、店员、邮差等。他们就像上文中提到的那个厨子一样，完全听信别人的怂恿，认为自己是在完成一项爱国主义任务。他们挤进一间双开门的办公室，既当执行人又当法官，但丁点儿也没意识到自己是在犯罪。

他们深信自己肩负着重要使命，以群体的率直和幼稚的正义感为标准搭建起一座审判台。因为受指控的包括僧侣、贵族、王室仆役和官员，人数众多，所以，这个群体认为无需审判就可将这些"罪犯"全部处死，这就等于说，在一个杰出的爱国者看来，一个人所从事的职业就是他有罪的最佳证明，而其他人可以根据这个人的声誉和个人表现作出判决。群体通过这种方式满足了自己那幼稚的良知。好了，现在可以进行合法地屠杀了，也可以尽情地释放残忍的本能了。这种本能的来源我在别处讨论过，它总能被集体发挥得淋漓尽致。不过正像群体平常表现出的那样，这种本能并不妨碍他们表现出一些相反的感情，他们的善良常常和残忍一样极端。

"他们深深地理解并同情着巴黎的工人。在阿巴耶，当那帮人中的一员得知囚犯24小时没喝上水后，假如不是犯人们为其求情，他们一定会将狱卒活活打死。当一名囚犯被（临时法庭）宣告无罪后，包括刽子手和卫兵在内的所有人都疯狂地鼓掌，并高兴地与他拥抱。"然后大屠杀开始了。在这个过程中，群众中充满着欢乐。他们围着尸体载歌载舞，还特意"为女士"安排了长凳，以方便她们享观看处死贵族的乐趣，而且这种表演从始至终充满着特殊的正义气氛。

一名阿巴耶的刽子手当时抱怨说，把女士们安排得很近，是为了让她们看得真切，可如此一来，大多数在场的人就不能享受了痛打贵族的乐趣。于是他们决定让受害者在两排刽子手中间慢慢走过，为了延长其受苦的时间，他们用刀背砍他。在福斯监狱，受害人被剥得一丝不挂，为了让每个人都能看够，用半小时的时间施以"凌迟"，直到最后才来上一刀将他们开肠破肚。

而在此过程中，刽子手并不是毫无顾忌，他们表现出了我们在前文中曾提到的那种存在于群体中的道德意识——他们拒绝占有受害人的钱财和首饰，把这些东西全都放在会议桌上，。

纵观整个杀人群体所有的行为，我们能发现群体头脑的推理方式简直不是一般的幼稚。正因如此，在屠杀了1200～1500个民族的敌人之后，有人建议，不如将那些关在监狱里的流浪汉、乞丐和老年人也统统杀掉吧，因为这些人根本没什么用，关在监狱里还要养着他们。他的建议立即就得到了被采纳。当然这些关在牢里的人中肯定也有人民的敌人，如一个下毒者的寡妇，一位名叫德拉卢的妇女，于是有人说："她肯定对坐牢非常愤怒，如果她能办到的话，她简直想将巴黎一把火烧掉。她肯定这样说过，她已经这样说过了。除掉她算了。"这种说法看上去好像很令人信服，于是，囚犯毫无例外都被处死了，其中包括50名12岁~17岁的儿童，他们也被看作人民公敌，理所当然地被除掉了。

忙碌了一周之后，所有处决终于停止，刽子手们应该可以休息一下了，但他们并没有，他们纷纷前往政府请赏，因为深信自己为祖国立了大功，最热情的人甚至要求被授予勋章。

在1871年巴黎公社的历史中，我们也能找到一些类似的事实。既然群体的势力不断增长，政府的权力在它面前一败涂地，那么，今后我们想必还能看到许多性质相同的事情。

人乐于相信自己是自身灵魂的主人。但只要他不能控制自己的心境和情感、或不能意识到无意识因素借以影响自己的规划和决定的无数隐秘方式，他就当然不是自己的主人。

★ 荣格

第三章
刑事案件的陪审团

　　这里，我们不可能对所有类型的陪审团逐一进行研究，所以只评价一下最重要的法国刑事法庭的陪审团。这些陪审团为有名称的异质性群体提供了一个非常好的例子。在研究过程中，我们会了解到，它也具有缺乏推理能力和易受暗示的特点，当受到群众领袖的影响时，它也主要受无意识情绪的支配。在研究的同时，我们偶尔还会看到一些不懂群众心理的人犯下错误的趣事。

　　首先，我们了解到，当组成群体的不同成员作出判决时，其智力水平如何并不重要，在此方面，陪审团就是一个很好的例子。我们已经知道，当某个善于思考的团体被要求就某个并不是完全技术性的问题发表意见时，智力发挥不了多少作用。例如，一群艺术家或科学家，并不能因为被组成了一个团体，就在一般性问题上做出与一群泥瓦匠或杂货商十分不同的判断。在法国的不同时期，特别是在1848年以前，对召集起来组成陪审团的人，法国政府一直规定要慎加选择，陪审员要从官员、教授、文人等有教养的阶层选出。而现在，陪审员大多数来自小商人、小资本家或雇员。然而令专家百思不解的是，不管是什么人组成的陪审团，都会得出同样的判决结果。至于判决的准确性，就连那些敌视陪审制度的地方长官也不得不点头认可。刑事法庭的前庭长贝拉·德·格拉热先生，在自己的《回忆录》中，用下面一席话表达了自己的看法：

今天，市议员手里掌握着选择陪审员的实际权力，所以，他们会以自己环境中的政治和选举要求为依据来增补、剔除名单上的人。……入选陪审团的大多是某个政府部门的雇员或生意人（但并不是像过去那样重要的人）。……他们的意见和专长在法官的开庭时间表确定以后，便再起不了什么作用。许多陪审员有着新手的热情、最良好的意图，但当他们被同时放在恭顺的处境之下时，陪审团的精神依旧未发生改变：它的判决依然如旧。

对于这段话，我们应该记住的不是那些软弱无力的解释，而是它的结论。我们不必对这样的解释感到奇怪，因为和地方长官一样，法官通常也不了解陪审团，原因是，他们压根不了解群体心理。从这位前庭长身上，我还找到了一个证据：他认为，刑事法庭最著名的出庭律师之一拉肖先生，利用职务之便，想法设法

地将聪明人排除在名单之外。但是经验最终
会告诉我们，这种做法根本起不到任何作
用。我们可以找到这样一个事实来证明这一
点：今天的出庭律师和公诉人，以及所有那
些关在巴黎监狱里的人，已经放弃了反对陪
审员的权利，因为正如德·格拉热先生所讲
的，陪审团的判决并没有变化，"它们既不
会更好，也不会更差"。

　　陪审团同群体一样也被感情因素非常强
烈的影响着，很少有证据能打动他们。一位
出庭律师曾说："他们见不得有位母亲用乳
房喂孩子或一个孤儿。"德·格拉热则说：
"一个妇女只要装出一副楚楚可怜的样子，
就足以赢得陪审团的同情。"

　　当面对那些有可能会危害到自己的罪行
时，陪审团丝毫不会手软，当然，这些罪行
对社会也是最危险的，但是当面对一些情感
的案件时，陪审团却表现得十分犹豫不决。
比如，对用泼硫酸来对付诱奸或抛弃自己的
男人的妇女，或者未婚母亲的杀婴罪，他们
不会表现得十分严厉，因为他们本能地感
到，社会在照常运转，这种犯罪不大可能影

当爱支配一切时，权力就不存在了；当权力主宰一切时，爱就消失了。两者互为对方的影子。
　　★ 荣格

141

响社会的正常运转①，而且在一个被抛弃的姑娘不受法律保护的国家里，如果她为能自己复仇，那倒可以事先吓阻那些未来的诱奸者，所以这非但无害反而有益。

同所有群体一样，陪审团也深受名望的影响，德·格拉热先生就曾指出，尽管陪审团的构成虽然十分民主，但其好恶却具有明显的贵族化特征："被告会因自己的头衔、出身、富有、名望或一位著名律师的帮助，总之，会因一切不同寻常或能给自己增光的事情，处境变得极为有利。"这种说法是正确的。

打动陪审团的感情是杰出律师的主要目的所在，他们所采取的方式跟对付其他群体没什么两样：只采用十分幼稚的推理方式，无须作很多论证。一位因在刑庭上赢了官司而声明显赫的英国大律师，总结出以下应当遵循的行为准则：

律师进行辩护时，要留心观察陪审团。最有利的机会一直都存在。律师可以凭借自己的经验和眼光，借由陪审员对每句话的面部反应来判断这些话的效果，从而得出自己的结论。要确认的第一步是，哪些陪审员已经赞同他的理由，在这一步上不用浪费太多时间，然后应把注意力转向那些看来还没有拿定主意的

---

① 顺便解释一下，不能认为陪审团这种把犯罪划分为威胁社会和不威胁社会两类的方法有失公允。显然，刑法的目的是保护社会不受犯罪的危害，而不是为了进行报复。但是法国的法典，特别是那些地方官员的头脑，却仍然被有着原始法律特点的报复精神深深地影响着，在日常生活中像"vindicte（"起诉"，它源自拉丁语的vindicta——"报复"）这类的词，仍在被使用着。地方官员有这种倾向的证明是，他们其中的许多人都拒绝采用"贝朗热法"，因为该法允许被判刑的人不必服刑，除非他再次犯罪。但是，因为统计学已经为我们提供了证明，因此没有哪个官员会否认，对初犯进行惩罚，极可能导致受罚者进一步犯罪。但是，当法官让一个被判服刑的人获得自由时，他们似乎总感觉这样做就没能为社会报仇，而他们宁愿制造一个肯定犯罪的人，也不愿意这样。——原注

人，搞清楚他们敌视被告的原因。因为指控一个人除了正义感之外，还可以有无限多的理由，所以这是他的工作中十分微妙的一部分。

短短几句话就将辩护术的全部奥妙完全概括了出来。而正是因为必须随时根据印象改变措辞，所以那些事先准备好的演说才会效果甚微。

这并不等于是要求辩护人做到让陪审团的每个人都接受自己观点的程度，他只要争取到那些能左右普遍观点的灵魂人物就可以了。在陪审团里同样也存在少数对别人有支配作用的人，这与其他群体，没什么不同。前面提到的那位律师说："我通过经验发现，一两个有势力的人物就足以让陪审团的人跟着他们走"。就是那两三个人才是取得取得信任的关键，辩护人必须取悦他们。只要博得了他们的欢心，想说服他们就变得很容易，这时不管向他提出什么证据，他很可能都会觉得是令人信服的。从有关拉肖的报道中，我摘录了一段反映上述观点的趣闻：

大家都知道，在整个刑审过程中，拉肖在发表辩护的同时会一直注意观察那两三个他认为关键又很固执的陪审员。通常情况下，这些不易驯服的陪审员都会被他争取过来。但是有一次在外省，他用了最狡猾的论辩技巧，花了大半个小时对付一个陪审员，可此人依然不为所动。这个人坐在第二排椅子上的第一人，是第七陪审员。局面看上去令人沮丧。突然，拉肖在激昂的辩论过程中，停顿了片刻，向法官说："阁下是否能让人把前面的窗帘放下来？阳光已经快把第七陪审员晒晕了。"第七陪审员脸红起来，他微笑着向拉肖表达了自己的谢意。之后，便被争取到辩方一边来了。

最近，许多作家，甚至包括一些最杰出的作家，开展了一场反对陪审制度的强大运动，可是，正是这种制度才能保护我们在面对一个不受控制的团体犯下的错误时不被伤害。[①] 还有些作家建议将陪审员的招募对象锁定在从受过教育的阶层中，然而我们已经证明，即便如此，陪审团判决也会作出和之前基本一致的判决。还有些作家以陪审团犯下的错误为理由，希望用法官来取代陪审团。这种想法实在令人难以理解，因为这些一厢情愿的改革家应该不可能忘了，被指责为陪审团所犯下的错误，首先是由法官犯下的，并且当被告被带到陪审团面前时，一些督察官、地方官员、初审法庭和公诉人已经认定他有罪了。由此可见，假如对被告作出判决的是地方官而非陪审团，他就连唯一一个得到清白的机会也没有了。如果陪审团犯了错误都是因地方官首先犯了错误导致的，因此，当出现了非常严重的司法错误时，首先是地方

---

① 实际上，唯一一个行动不受控制的行政官员就是地方官。虽然标榜民主的法兰西也搞了不少革命，但他们并没有英国人为之自豪的《人身保护法》。所有专制者都被我们消灭干净了，可以随意处置公民的荣誉和自由的地方长官却在每个城市走马上任。这种没什么用处的督察官，虽然都是些刚从大学出来的新手，却拥有令人厌恶的权力，他可以不必说明理由，只凭自己的怀疑就将很有地位的人送进监狱。他们可以借口要进行调查，将这些人关上6个月甚至长达1年，最后也不必做任何赔偿或道歉就释放他们。在法国，司法许可证的地位就等同于国王赦令，但是，国王赦令只能有身居高位的人来申领，而且，对于这种做法，人们已经做过十分公正的谴责，但司法许可证却操纵在公民阶层的所有人手中，这些人并不是些特别开明也并不怎么独立。——原注

官应当受到谴责，例如最近对L医生的指控就是如此。这个案件的过程大概是这样的：有个督察官简直愚蠢透顶，他根据一位半痴呆的女孩的揭发，对L医生提出起诉。那个女孩指控医生非法地为她做手术，而且只是为了30个法郎。若不是因为激起了众怒，使最高法院院长立即给了L医生自由，他是一定会被关进监狱。L医生得到了自己同胞的赞誉，这一错案的野蛮性简直呼之欲出，然而，出于身份的考虑，那些地方官即便心里也承认这一点，却还是会极力阻挠签署赦免令。

在与此类似的所有事情上，在遇到自己无法解释的技术细节时，陪审团自然会以公诉人的意见为准，因为他们认为，那些在搞清楚最复杂的事态上的行家里手，即那些官员们已经对事件进行了调查。那么，真正制造错误的那个人到底是谁？是地方官还是陪审团？我们应当大力拥护陪审团，因为它是不能由任何个人来取代的唯一的群体类型，也是唯一能缓解法律的严酷性的群体。因为这种法律会对所有人一视同仁，所以从原则上说既不承认也不会考虑特殊情况。法官除

创造性力量很容易变成破坏性力量。这只取决于人们的道德人格：是用此力量做好事或做坏事。如果人们缺乏这种道德人格，则没有一种说教能够提供它或取而代之。

★ 荣格

了法律条文不理会任何事情，看上去简直冷漠无情，而正是出于
这种职业的严肃性，他在面对因为贫困、因为受到诱奸者的抛弃
而杀婴的可怜姑娘和黑夜中的杀人越货者时，会让他们承担同样
的刑罚。而陪审团会本能地感到应该这个可怜的姑娘宽大处理，
因为与逃开法网的诱奸者相比，被诱奸的姑娘罪过要小得多。

　　在了解了其他群体的心理和身份团体的心理之后，如果我再
受到错误指控，就不可能仍然坚持去找地方官，而不找陪审团。
毕竟让前者认错的机会极其渺茫，而从后者那里我还有些找回清
白的机会。群体的权力固然让人心生畏惧，但有些身份团体的权
力却更让人心惊胆战。

第四章
选民群体

有权选出某人担任官职的集体，即选民群体，属于异质性群体，他们只具有前面讲到过的这个群体的少数特征，原因是，他们的行为仅限于规定一件十分明确的事情，那就是在不同的候选人中作出选择。选民群体的特征有，缺乏推理能力，轻信、易怒、头脑简单、缺少批判精神等。此外，从他们所作的决定中也可以找到群众领袖的影响，以及我们曾经指出的断言、重复和传染等因素的作用。

接下来我来为大家介绍一下能说服选民群体的办法，我们可以从最成功的办法中，发现他们的心理。

首先，候选人应当享有名望，这一点很重要。除此之外，只有财富才能取代个人名望，而才干甚至天才，都不是最重要的成功要素。

还有一点极为重要，那就是享有名望的候选人必须具有迫使选民不经讨论就接受自己的能力。选民中的多数都是农民或工人，他们很少会从同行中选出代表来，原因就在于这种人在他们中间没有名望。当他们偶然选出一个和自己相同的人时，一般也是因为一些次要原因，比如为了向有权势的雇主或某个大人物（选民平常要依靠他）泄愤，或是能够通过这种方式产生一时的幻觉，幻想自己成为了雇主或大人物的主人。

候选人若想保证自己取得成功，只有名望是远远不够的。选民特别在意他能否表现出虚荣和贪婪。若要征服选民，他必须采取最离谱的哄骗手段，要毫不犹豫地向他们作出最令人想入非非的许诺。

如果选民是工人，那就要中伤和侮辱雇主，多过分都没关系。对于竞选对手，必须利用断言法、传染法和重复法，竭力让人相信他是个十足的恶棍，他恶贯满盈，世人皆知。为任何表面证据而费心是起不到任何作用的。对手如果用各种论证为自己辩护，那只能说明他还不了解群体心理，他不应该把自己限制在只用断言来对付断言，因为如此一来，他也就没有任何获胜的机会了。

候选人不可以写过于绝对的文字纲领，因为这会成为他的对手用来对付自己的把柄。但是在口头纲领中，再夸大其词也没关系，他大可以毫无畏惧地承诺最重要的改革。做出这些夸张可以产生巨大的效果，这需要不断地进行观察，所以它们对未来并没有约束力，而选民绝对不想为这事操心，他们对自己支持的候选人在实行他所赞成的竞选纲领上走了多远并不关心，虽然在他看来，正是这个纲领使他获得了保证。

我们在能够在上述事情中看到前面讨论过的所有说服的因素。此外，我们还会在各种口号和套话（我们之前已经对这些东西神奇的控制力作过谈论）所发挥的作用中看到它们。一个懂得如何利用这些说服手段的演说家，可以借由这种方法办成那些需动用武力方能成就的事情。比如卑鄙的剥削者、不义之财、可敬的劳工、财富的社会化之类的说法，尽管它们已经是陈词滥调，但产生效果永远都相同。此外，如果候选人能念叨一套新词，其含义极其复杂却能迎合极不相同的各种愿望，那他也必将获胜。就是因为这种含义复杂、因而每个人都可以自己作出解释的奇妙说法才引起了1873年西班牙那场血腥的革命。当时的一位作者描述了这种说法的出现，特列举如下：

> 激进派已经发现集权制的共和国实质上就是一个改头换面的君主国，为了安抚他们，议会全体一致宣告建立一个"联邦共和国"，虽然没有哪个投票者中清楚自己投票赞成的是什么，然而这个说法确实满足了所有人。人们十分喜悦并陶醉于其中。地球上就要建立起美德与幸福的王国了。如果共和主义者的对手拒绝授予他联邦主义者名称，他会认为自己受到了致命的侮辱。在大街上人们以"联邦共和国万岁！"来互致问候，

> ◢ 当魔鬼成为我们内心的主宰时，不要做，一做便是错。要么行之不足，要么过犹不及。只有魔鬼不再发挥作用的时候，我们才能达到平衡的状态。
> ★ 荣格

所有人为此极尽溢美之词，士兵对军队没有纪律这种奇怪的美德大唱赞歌。那么，人们到底是如何理解"联邦共和国"的呢？有些人认为它意味着消灭一切权力，必须马上进行伟大的社会变革；还有些人认为它是指各省的解放，即要实行同美国和行政分权制相似的制度。巴塞罗那和安达卢西亚的社会主义者赞成公社权力至上，他们建议在西班牙设立一万个独立的自治区，然后让这些自治区自己制定法律并不设警察和军队。在南部各省，从一个村庄向另一个村庄，从一座城市向另一座城市，叛乱很快便开始蔓延。有一个村庄在发表了宣言之后，立刻就破坏了电报线和铁路，切断了与相邻地区和马德里的一切关系。处境最可怜的村庄只能成为依附于别的村庄。联邦制为自立门户打开了方便之门，到处都在杀人放火，人们无恶不作。血腥的狂欢充斥着整片土地。

如不想怀疑理性可能会对对选民的头脑产生影响，就一定不要去读那些有关选民集会的报道。人们在这种集会上夸夸其谈、痛骂对手，有时甚至拳脚相加，但是，你绝对听不到论证。只有当某个众所周知的"莽汉"在场，宣称他要用一些让听众开心的麻烦问题难倒候选人时，会场里才有片刻安静。然而反对派的满足是暂时的，因为提问者的声音很快就会被对手的叫喊压倒。下面我们来看一个典型的例子，这是一篇从报纸上上千个类似事例中选出来的关于公众集会的报道：

　　当会议的组织者之一请大会选出一名主席时，顷刻之间全场乱作一团。社会主义者极力反抗；无政府主义者跳上讲台，粗暴地占领会议桌。人们扭打在一起，互相指责对方是拿了政府佣金的奸细。……一个眼睛被打青了的公民离开了会场。

最后，委员会在吵吵闹闹中各就各位，把说话的权利转移给了Ｘ同志。

当这位演讲人开始激烈抨击社会主义者时，又被其他的人用"无赖、流氓、白痴！"等叫骂声打断。为了反驳这些脏话，Ｘ同志提出一种理论，在这种理论之下，社会主义者都变成了"可笑之人""白痴"。

昨晚，阿勒曼派为准备五一节工人庆祝会的预演，在福伯格宫大街的商会大厅组织了一次大会。"沉着冷静！"是会议的口号。

在会议上，Ｃ同志暗讽社会主义者是"白痴"和"骗子"。

所有这些恶言恶语都会引起相互攻击，听众和演讲者甚至会拳脚相加，桌子、椅子、板凳，全都会被他们当成武器。

像这样的例子简直层出不穷。

千万不要觉得，这种描述只对固执的选民群体适用，而且是由他们的社会地位决定的，要知道，即使参与会议者全是受过高等教育的人，也一样会出现这种场面。我曾说过，当人们聚集成一个群体时，那种降低他们智力水平的机制就会发生作用，在所有的场合都一样。我们来看一个例子，下面是我从1895年2月13日的《时报》上摘录的关于一次集会的报道：

那个晚上，喧嚣声随着时间的流逝有增无减。我很难相信在这种环境中有哪个演讲者能够完整的说上两句话却不被人打断。到处都有人大声叫喊，掌声、嘘声交织在一起，听众中的个别成员也在不断地相互激烈争吵。一些人不停地击打地板，另一些人可怕地挥舞着木棒。打断演说的人引来一片呼喊："轰他下去！"或"让他说！"

C先生嘴里充斥着懦夫、白痴、恶棍、唯利是图、卑鄙无耻、打击报复之类的用语，并宣称要把这些东西统统消灭。

……

人们可能会问，如何才能使处在这种环境里的选民形成一致意见呢？这种想法其实是一种谬见，它等于是在掩盖集体享有自由的程度。群体持有的是别人赋予他们的意见，但是他们不可能夸口自己持有的意见合乎理性。在这些时候，选民的意见和选票都被选举委员会握在手里的，而选举委员会的领导者通常都是些政客，他们因许诺会给工人好处而在这些人中间特别有影响力。今天最勇敢的民主斗士之一谢乐先生说："你可知道选举委员会是什么？它不多不少，是政治机器的一件杰作，是我们各项制度的基石。今天选举委员会长期统治着法国。"①

---

① 不管委员会叫辛迪加也好，俱乐部也好，其所用的名称大都涵盖了群体权力所造成的最可怕的危险。在现实中，他们就是最为非人格的，也是最具压迫性的专制形式的代表。可以说，因为可以代表集体说话和行动，所以委员会的领袖就可以按自己的选择行事而不负任何责任。有些革命委员会任命的人所拥有的那些剥夺权就连最残忍的暴君都不敢梦想。巴拉斯就曾宣布，他们要在国民公会里大开杀戒，随心所欲地裁撤议员。只要罗伯斯庇尔还能代表他们说话，他就握有绝对权力。然而，因为自高自大，罗伯斯庇尔当这个可怕的独裁者最终脱离了他们，而这种权力也便随之消失了。委员会的统治就是群体的统治，因而也是委员会领袖的统治。很难找到哪种暴政想会有比这还严厉。——原注

候选人要对群体产生影响不是什么困难的事，只要能被接受，并拥有一定的财源就能办到。据捐款人透露，只需300万法郎就完全可以保证布朗热将军重新当选。

选民群体的心理学就是这样的。和其他群体一样：它既不会更好，也不会更差。

从上述言论中我没能得出反对普选的结论，由此认识到了它的命运，并出于一些实际的原因愿意保留普选这种方法。实际上，这些原因是我们通过对群体心理的调查归纳出来的，基于这些考虑，对它们我要做进一步阐述。

毋庸置疑，普选的弱点非常突出以至于人们根本无法假装看不到。文明无疑是少数智力超常的人的产物，这部分人构成了一个金字塔的顶点。随着金字塔各个层级不断被加宽，相应的智力也越来越少，它们就是一个民族中的群众。一种伟大的文明，如果依靠的是因人多势众而洋洋得意的低劣成员的选票，是无法让人放心的。另外，群众投下的选票常常非常危险，这也是毋庸置疑的。为此我们付出了若干次遭受侵略的代价，我们眼看着群体正在为其铺设道路的社会主义即将取得胜利，想入非非的人民主权论，十有八九就会让我们损失更惨重。

然而，虽然从理论上说这些不同意见非常令人信服，但在实践中却没有任何势力。我们只要还记得观念变成教条后有着不可征服的力量，就不会否认这一点。从哲学角度来讲，群体权力至上的教条同中世纪的宗教教条一样不堪一击，但今天的它却拥有同样强大的绝对权力，因此也就像过去我们的宗教观念一样无可一种宗教——即使是自称为爱的宗教——对那些不属于它的人也必定是冷酷无情的。

★ 弗洛伊德

匹敌。我们不妨设想一下，有个现代自由思想家被送回了中世纪。难道你会认为，当发现盛行于当时的宗教观念有着至高无上的权力后，他还会对它们进行攻击吗？一旦他落入一个能够把他送上火刑柱的法官之手，被指控参与了女巫的盛宴或与魔鬼有约，他还会对质疑说女巫或魔鬼根本就是子虚乌有吗？用讨论的方式和飓风作对，这和群众的信念相比也没聪明到哪里去。过去的宗教所具有的威力，今天普选的教条也同样具备。甚至作家和演说家在提到它时表现出的媚态与恭敬，连路易十四也无缘享受。能够对它发生影响的只有时间，所以对于它我们必须采取和对待宗教教条一样的立场。

此外，因为这种教条具有一种对自己有利的外表，所以想破坏它更是在做无用功。托克维尔正确地指出，"在一个宣扬平等的时代，人们并不相信他们彼此全都一样，但这种比喻却使他们全心全意地信赖公众的判断力，其原因就在于，所有的人同样开明似乎不太可能，与真理携手同行的不会是人数上的优势。"

难道说，对选举权加以限制，如果需

要甚至可将这种权利限制在聪明人中间，如此一来就能改进群众投票的结果吗？在我看来，这种事永远不可能发生，因为我曾说过，无论其成员如何，一切集体都患有智力低下症。在群体中，人们总是倾向于变得智力平庸，在一般性问题上，40名院士的投票并不会比40个卖水人的投票高明到哪里去。我相信，即便只让受过教育和有教养的人成为选民，受到谴责的普选的投票结果也不会有什么不同。一个人掌握不了特殊的智力或社会问题，哪怕他通晓希腊语或数学，或者是个建筑师、兽医、大律师或医生也不行。你可以看一下我们的政治经济学家，他们全都受过高等教育，大都是学者或教授，可他们也从未在双本位制、贸易保护等哪个普遍性问题上，取得过一致意见。这是怎么回事呢？这是因为，他们的学问也不过是我们的普遍无知被过分弱化了的一种形式。因为面对社会问题时有太多未知的因素，所以，从本质上说，这时人们的无知也没有什么两样。

因此，就算选民是由掌握各种学问的人组成的，他们的投票结果也不会比现在的情况好多少。他们还是会被党派精神和自己的感情所支配，而那些我们现在就必须对付的困难还是一个也解决不了，而且身份团体的暴政仍然会压迫我们。

无论群众的选举权是普遍给予还是受到限制，无论行使的环境是君主制还是共和制，无论是在法国、德国、比利时、西班牙还葡萄牙，全都一样；说到底，它所表达的无非是一个种族无意识的需要和向往。在每个国家，种族的禀性都由在被当选者的一般意见反映出来，而我们发现，这种禀性从一代人到下一代人，并不会有显著的变化。

　　由此可见，种族这个基本概念极为常见。因为我们经常会遇到它，所以会产生另一种认识，即政府和各种制度对一个民族的生活产生的影响是微乎其微的。民族主要是受是受其种族的禀性支配，换句话说，是受某些品质的遗传残余的支配，而所谓禀性，正是这些品质的总和。而种族和我们日常所需的枷锁就是决定我们命运的神秘主因。

▲ 无意识心理不仅特别古老，而且能够延伸到同样遥远的未来。它形塑人类，像人的身体一样是人类的一部分；它虽然在个体身上是短暂的，但是在集体身上却历史悠久。

★ 荣格

第五章
议 会

　　议会为我们提供了一个有名称的异质性群体的范例。虽然议会成员的选举方式因年代、国家的不同而有所不同，但是它们的特征都十分相似。在这种场合，人们会感到种族的影响强化或削弱了群体的共同特征，但不会妨碍它们的表现。葡萄牙、西班牙、希腊、意大利、美国和法国……很多国家原本大不相同，但它们的议会在投票和辩论上却表现出很大的相似性，使得各自的政府面对着同样的困难。

　　然而在现代社会中，议会制度已经成为了一切文明民族的理想，这种制度反映出了一种观念：在某个问题上，一大群人要比一小撮人更有可能做出明智而独立的决定。虽然这种观念从心理学上说是错误的，却得到了普遍赞同。

　　议会可以为我们呈现出群体的一般特征，如易受暗示、夸大感情、头脑简单、多变，以及少数领袖人物的主导作用等。然而，因其特殊的构成，我们也能看到一些独特的表现，我们现在就来作一下简单说明。

议会最重要的特征之一就是意见的简单化。在所有党派中，特别是在拉丁民族的党派中，都普遍存在一种倾向，即根据适用于一切情况的最简单的普遍规律和抽象原则来解决最复杂的社会问题。当然，党派不同，原则也各有不同，但是他们仅仅由于个人是群体的一部分这个事实，便总是倾向于夸大自己原则的价值，非要把它贯彻到底不可。这导致了议会更严重地代表着各种极端意见这一结果。

议会拥有特别朴素的简单意见，法国大革命时期的雅各宾党人是这方面的完美代表。他们头脑里充满各种含糊不清的普遍观念，也不关心事实真相，只用教条和逻辑对待人，乐此不疲地贯彻死板的原则。人们在谈到他们时，不无理由认为，他们虽然经历了一场革命，但却自以为在一些简单的教条的帮助下，就能自上而下彻底改造这个社会，最后造成的结果是，原本高度精致的文明倒退到了社会进化更早期的阶段。他们为实现自己的梦想所采用的办法，和极端质朴的人有着很多相似的地方。事实上，他们不过是在摧毁拦在他们面前的一切障碍。无论他们是吉伦特派①、山岳派②还是热月派③，全部受着同样精神的激励。

---

① 吉伦特派，法国大革命期间因推翻波旁王朝而掌握实权的共和派。因其中很多人原是吉伦特省人，因此被称为吉伦特派。——译者注
② 法国大革命期间国民公会的激进派议员集团。因成员开会时坐在议会中较高的长凳上而得名。——译者注
③ 热月派原为反罗伯斯庇尔的各派人物的暂时结合，并无统一纲领。他们代表在革命中形成的资产阶级暴发户的利益，执政后实行的主要是原丹东派的主张。——译者注

　　议会中的群体很容易就会为暗示所影响，而且和所有群体一样，暗示都是来自享有名望的领袖。不过还有一点也要注意，那就是议会群体虽然易受暗示，但这种特点却又有着很明确的界限。

　　议会中的所有成员在涉及地方或地区的一切问题时都持有牢不可破的意见，没有一种论证可以使其动摇。例如，在酿酒业特权或贸易保护这类关乎有势力的选民的利益的问题上，就算有狄摩西尼①的天赋，也很难使一位众议员的投票发生改变。在投票期到来之前，这些选民就会发出暗示，这种暗示足以压倒其他反对的声音，使意见保持绝对的稳定②。

　　当涉及到开征一种新税、推翻一届内阁等一般性的问题时，就没有任何固定的意见了，尽管与普通群体中的方式有所不同，但是领袖的建议还是能够发挥影响的。每个政党都有自己的领袖，他们的势力有时不分上下，这就使得众议员会被夹在两种对立的建议之间，左右为难。由此，我们就能明白为何会经常会看到某个议员在一刻钟之内就做出两个完全相反的表决，或为一项法案添加一条使其失效的条款。例如，他们刚刚通过了剥夺雇主选择和解雇工人权利的法案，然后又会来上一条几乎取消这一措施的修正案。

　　基于同样的理由，每届议会也有一些十分易变的意见和一些非常稳定的意见。大体上说，一般性问题数量更多，因此在议会中议而不决的现象屡见不鲜，而之所以议而不决，是因为选民们

---

① 狄摩西尼（Demosthenes，公元前公元前384—前322），古希腊伟大的政治家、演说家和雄辩家，希腊联军统帅。——译者注

② 一位经验丰富的英国议员作了如下思考，他说的这些话无疑也适用于这种事先确定的、不会因争取选票的考虑而改变的意见："我坐在威斯特敏斯特教堂的50年间，听过无数次的演说，但是很少有演说能改变我的意见，我也从未因改变过自己的投票。"——原注

的建议总是姗姗来迟，这很让人担心，因为这可能会使领袖的影响力受到制约。

不过，如果在数之不清的讨论中，议员们对涉及的问题没有抱着强烈的先入为主的观念，那么，那些领袖就依然是处在主导地位的人。

在每个国家的议会中，领袖们都以团体首领的名义存在着，所以这些领袖的必要性是显而易见的。他们是议会真正的统治者。没了领袖组成群体的人便一无所成，因此也可这么讲，议会中的表决通常只代表极少数人的意见。

领袖的影响力只在很小的程度上归因于他们提出的论据，而在很大程度上都归因于他们的名望。这一点最好的证明是，他们一旦威信扫地，影响力也就随之消失。

这些政治领袖的名望无关头衔或名声，只属于他们个人。在这一点上，在作为议会成员之一的西蒙先生在评论1848年国民议会中的大人物时，为我们提供了一些十分具体的例子：

两个月以前拿破仑还是无所不能的，现在就已经变得完全无关紧要了。

维克多·雨果登上了讲台，最终也无功而返。人们就像听皮阿①说话那样听他说话，但是并没有多少人为他鼓掌。而说到皮阿，沃拉贝勒曾这样对我说："他那些想法我不喜欢"，"但他的确是法国最伟大的演说家，也是最了不起的作家之一。"基内②虽

---

① 皮阿，法国记者，激进思想的鼓吹者。——译者注
② 基内，19世纪法国重要思想家之一。——译者注

然智力超强，聪明过人，却没人对他表示尊敬。他在召开议会之前还有些名气，但在议会里他却默默无闻。

再也找不到比政治集会更漠视才华横溢者的地方了。政治集会只关心那些能与时间地点相符合，同时对党派有利的雄辩，而并不关心它对国家是否有利。若想享有1871年的梯也尔及1848年的拉马丁得到的那种崇敬，需要有急迫而不可动摇的利益刺激才可以。危险一旦消失，议会马上就会忘记它的感激和受到的惊吓。

我之所以要引用上面这段话，是其中包含的一些事实，而不是因为它所提供的心理学知识贫乏的解释。不管是国家的领袖还是党的领袖，群体一旦效忠于领袖，它自己的个性便立刻消失了。服从领袖的群体处在他的名望的影响之下，并且这种服从不受感激之情或利益的支配。

因此，名望足够大的领袖几乎掌握着绝对权力。大家都知道这样一件事：有一位著名的众议员多年来一直因其名望而拥有巨大的影响力，由于某些金融问题他在上次大选

时至今日，集体组织依然是社会根本，个性受到了前所未有的威胁。倘使有人在个性的道路上迈出步伐，将会遭受非议。人们会认为他狂妄自大、愚蠢透顶。

★ 荣格

中被击败。而他只消做个手势，内阁便倒台了。有个作家曾这样
描述过他的影响程度：

> 为了这位×先生，我们付出了三倍于我们为东京湾所付出的
> 惨重代价，我们在南尼日尔被骗走了一个帝国，在马达加斯加的
> 地位一直摇摇欲坠，甚至失去了在埃及的优势，主要责任全都在
> 他。×先生的谬论让我们法国丢失的领土，比拿破仑一世的灾难
> 有过之而无不及。

我们不必对于这种领袖过于苛责。不错，他的确使我们损失
惨重，但他的大部分影响力都是因为他顺应了民意，而这种民意
在处理殖民地事务上的水平仍停留在过去。领袖所做的一切几乎
总是在顺应民意，很少超前于民意，因此民意也会助长其中的所
有错误。

这里我们所讨论的领袖用以进行说服的手段，除了他们的名
望之外，还包括一些我们在前文中多次提到过的因素。如果领袖
想巧妙地利用这些手段，至少他必须要无意识地做到对群体心理
了然于心；他还必须知道怎么跟他们沟通。特别是要了解各种词
汇、套话和形象所具有的神奇力量。他应当具备言之凿凿（这样
可以卸去证明的重负）和言辞生动这些特殊的辩才，同时还要能
伴之以特别笼统的论证。你在所有集会中都能看到这种辩才，就
连最严肃的英国议会也不例外。英国哲学家梅因指出：

你可以通过下院的争吵中看到，整个辩论过程不过是些盛怒的个人和软弱无力的大话之间的不断交锋。这种一般公式对纯粹民主的想象所产生的影响是十分巨大的。让一群人接受用惊人之语表达出来的笼统的断言是件很容易的事，即使它从未得到过证实，可能也不会得到证实。

不管上述引文中将"惊人之语"说得多么威力惊人都不算过分。词语和套话的特殊力量曾被我们多次提及。在措辞的选择上，我们必须以能够唤起生动的形象为准。我们从一位议会领袖的演说中摘录了下面这段话，它为我们提供了一个极好的事例：

这艘船将驶往我们设置监狱的那片热病肆虐的土地时，它要把目无政府的杀人犯和名声可疑的政客关在一起。这对难兄难弟可以促膝长谈，视彼此为一种社会状态中互助互利的两派。

这种说话方式唤起的形象极为鲜活，演说者的所有对手都会觉得自己受到了威胁。他们会不由自主的想象：一艘可以把他们送走的船，一片热病肆虐的国土。不是也有可能把他们放在那些定义不明确的可怕政客中间吗？他们会体会到当年罗伯斯庇尔以断头台为威胁发表的演说让国民公会的人所感受到那种的恐惧。而这种恐惧足以让他们投降。

对领袖来说，夸夸其谈，说些不切实际的话永远对自己有利。上述引文中所指的那位演说家曾断言（而且该断言不会遇到强烈的抗议）：僧侣和金融家为扔炸弹的人提供了自助，因此大金融公司的总裁应受到和无政府主义者一样的惩罚。在人群中这种断言永远会发生作用。再可怕的声明，再激烈的断言都不算过分，要想把听众吓唬住，这种辩术是最有效的办法。在场的人会因担心自己也会被当做叛徒或同伙打倒而不敢表示抗议。

正像我说的，在所有集会中这种特殊的辩论术都能奏效。尤其在危难时刻它的作用就更加明显。从这个角度出发，再读起那些大演说家在法国大革命时期各种集会上的讲话，就会觉得都很有趣。他们时时谨记自己必须要先谴责罪恶弘扬美德，然后再对暴君破口大骂，发誓自由高于一切。在场的人起立为其热烈鼓掌，直到他冷静下来后再回到自己的座位上。

领袖中偶尔也有受过高等教育、智力超群的，但是对领袖来说具备这种品质通常不是什么好事。假如他想说明事情有多么复杂，同意作出解释方便大家更好的理解，但自身的智力原因会使他变得豁达大度，那么，使徒们所必需的信念的强度与粗暴就会

▌今天，任何一位丧失具有历史意义的象征，无法满足于代用品的人毫无疑问地处在一片艰难的情势之中：贫乏醒目地展现在他眼前，他在恐惧中转身而去。更为糟糕的是，贫乏中被全部填上了以精神的苍白而著称的荒谬政治及社会思想。

★ 荣格

被大大削弱。历朝历代，特别是在法国大革命时期，伟大的民众领袖的头脑都狭隘得令人目瞪口呆；但头脑最狭隘的人影响力也最大。

罗伯斯庇尔的演说是其中最为著名的，它经常有着令人诧异的自相矛盾，如果只看这些演说，你绝对搞不明白，这个大权在握的独裁者为什么有如此大的影响：

糊弄孩子头脑的稀松平常的拉丁文化，教学法式的常识和废话，辩护和攻击所采用的观点简直是些小学生的歪理。措辞上缺少令人愉快的变化，也没有切中要害的讥讽，也没有思想，有的只是令我们心生反感的狂妄断言。人们在经历过一次这种丝毫没有乐趣的阅读之后，只能无奈地与和蔼的德穆兰[①]一起，长叹一声："唉！"

有时，当我们想到与极端狭隘的头脑结合在一起的强烈信念能够赋予一个有名望的人怎样的权力时，就难免胆战心惊。一个人若想表现出极高的意志力，无视各种障碍，这些都是最起码的条件。群体总是会在精力旺盛、信仰坚定的人中间寻找自己的主子，这是他们的本能，因为他们永远需要这种人物。

在议会中，一次演说成功与否，根本不取决于演说者提出的论证而完全取决于他所具有的名望。在这方面最好的证明是，一个演说者如果由于这样或那样的原因失去名望，他同时也就失去

---

① 德穆兰（1760—1794），法国大革命时期著名的演说家。——译者注

了一切影响，也就是根据他自己的意志影响表决的能力。

当一个没什么名气的演说者拿着一篇论证充足的演讲稿走到台上时，他若只有论证，那台下的人最多也就是听听就算了。德索布先生是一位在心理学方面颇有见地的众议员，他近来用下面这段话对一个缺乏名望的众议员进行了描述：

他走上讲台后，大模大样地从公文包里拿出一份讲稿，摆在自己面前，非常自信地开始发言。

他曾自我吹捧，说能让听众对使他本人感到振奋的事情深信不疑。他多次强调自己的论证，对那些证据和数字信心十足，并坚信自己能说服听众，谁都反驳不了他的论证。他一厢情愿地开讲，并相信以自己同事的眼力自然会赞同真理。

但是当他一开口，便意外地发现大厅里其实很嘈杂，这让他多少有些生气。

为什么不能安静一些呢？为什么这么不关注他的发言呢？那些众议员究竟是怎么想自己这个正在讲话的人的？众议员有什么要紧的事情要一个接一个地离开自己的座位？

他脸上显露出一丝不安，皱着眉头停了下来。然后在议长的鼓励下又重新提高嗓门，加重语气，做出各种手势开始发言。但是周围的噪声越来越大，他甚至连自己说话的声音都听不见了，于是，他不得不再次停了下来。最后，因为担心自己的沉默会惹来别人对自己叫嚷"闭嘴！"便又开始说起来。这时喧闹声已经变得让人难以忍受。

如果议会极度兴奋，在感情上就会表现得爱走极端，这时它就会变得和普通的异质性群体没什么区别。这时我们就会看到它要么会犯下最恶劣的过失，要么会做出最伟大的英雄主义举动。总之，他们会完全失去自我，不再是自己，甚至会为最不符合他本人利益的措施投赞成票。

法国大革命的历史说明了议会丧失自我意识的程度是多么严重，它们完全听从那些与自己的利益完全不同的建议的指挥。贵族放弃自己的特权是一个巨大的牺牲，但他们毫不犹豫地在国民公会期间的那个著名的晚上这样做了。议会成员毅然放弃自己不可侵犯的权利，即便让自己永远处在死亡的威胁之下也在所不惜；他们很清楚，他们今天把自己的同伙送上断头台，明天自己就会步其后尘，但是他们仍然毫无畏惧地在自己的阶层中大开杀戒。事实上，他们已经进入了以前我描述过的那种完全不由自主的状态，没有一种想法可以阻止他们赞成那些已经冲昏了他们头脑的建议。他们中间的一员——比劳·凡尔纳在其回忆录中，十分经典地记下了这种情况："那些两天前，甚至是一天

> 集体的同一性，不管你加入各种面目的组织，支持什么样的主义，都大大的影响了个人任务的完成。
>
> ★ 荣格

前，我们还一直极力指责，迟迟不愿做出的决定，现在居然就那样通过了；能造成这种情况的唯有危机。"这种说法十分确切。

同样的无意识现象还出现在所有情绪激昂的议会上。泰纳说：

他们批准并颁布了一些让他们引以为傲的法案，这些措施滥杀无辜，连他们的朋友也不放过，不仅极度愚蠢，简直就是犯罪。伴随着热烈的掌声，左派们在右派的支持下，一致地把这场革命的伟大发动者和领袖，他们的天然首领，丹东，送上了断头台；在同样热烈的掌声中，右派们在左派的支持下，一致地表决通过了革命政府最恶劣的法令。在对德布瓦、库东和罗伯斯庇尔等人热烈的赞扬声中，议会全体不由自主地一再举行改选，让杀人成性的政府继续执政；山岳派对它深恶痛绝，因为曾遭到它的杀戮，平原派对它深恶痛绝，因为它嗜杀成性。可是最后多数派和少数派，平原派和山岳派都落了个同意为他们的自相残杀出力的下场。热月22日，整个议会把自己变成了刽子手；热月8日，在罗伯斯庇尔发言后的一刻钟内，这个议会又做了一次同样的事情。

虽然这幅画面看起来一片混乱，但它却特别准确地描绘出了当议会兴奋和头脑发昏到一定程度时，所表现出的特点。这时的议会会变成不稳定的流体，一切刺激都能影响它。下面大家看到的是斯布勒尔先生，一位有着不容怀疑的民主信仰的议员对1848年议会的描述。这段十分有代表性的文字曾被刊登在《文学报》上，现被我转引如下；它为我曾经说过的夸张感情这一群体特点，为它的极端多变性（这使它一刻不停地从一种感情转向另一种完全相反的感情）提供了例证。

因为盲信和无节制的愿望，也因为自己的分裂、嫉妒和猜疑，共和派堕入了地狱。它的质朴、天真和它的普遍怀疑不相伯仲。在他们身上，毫无法律意识、不知纪律为何物的表现总是与放肆的恐怖和幻想相依相伴，乡下人和孩子在这些方面也比他们强。他们的残暴与顺从程度相当，他们的冷酷和他们的缺乏耐心一样严重。这种状态是性格不成熟及缺乏教养的自然结果。对于这种人来说，没什么能让他们感到吃惊，但无论什么都能使他们慌乱。或是因为恐惧，或是因为具有大无畏的英雄气概，他们既能舍生忘死，也会畏首畏尾。

他们不顾原因，不计后果，亦也在意事物之间有什么关系。他们时而灰心丧气，时而斗志昂扬，他们很容易被惊慌情绪所影响，要么过于沮丧，要么过于紧张，根本不会处在环境所要求的心境或状态中。他们比流水还多变，行为无常，头脑混乱。能指望他们提供什么样的政府基础呢？

值得庆幸的是，议会不会总是表现出上述引文中这些特点，因为只是在某些时刻议会才会成为一个群体。组成议会的个人在大多数情况下仍保持着自己的个性，正因如此，议会才能制定出非常出色的法律。其实，制定这些法律的作者都是专家，他们通常都会在自己安静的书房里拟订草稿，所以，我们说，通过表决的法律，其实并不是集体的产物，而是个人的杰作。这些法律本就是最好的法律，而只有当被一系列修正案变成集体努力的产物时，它们也许才会产生灾难性的后果。无论性质如何，群体的产品总是较孤立的个人的品质低劣。如果议会想通过一些考虑不周全或行不通的政策会遭到专家的阻止，此时，专家就是群体暂时的领袖。专家不会受议会影响，反而可以影响议会。

虽然有上述种种困难，但议会的运作仍然是人类至今为止能找到的最佳统治方式，更是人类能找到的摆脱个人专制的最佳方式。毫无疑问，无论是对于思想家、作家、哲学家、艺术家还是有教养的人，总之，对于所有构成文明主流的人来说，议会都是理想的统治方式。

但是，不能忽视的是，在现实中，它们也不可避免地造成了财政浪费，同时对个人自由的限制也在不断增加，这两种情况都是非常危险的。

前一种情况是遭遇各种紧迫问题和当选群体缺少远见的必然产物。若是有个议员提出一项显然符合民主理念的政策，比如说，他建议保证让所有的工人能得到养老津贴，或者为所有级别的国家雇员加薪，那么，因为害怕自己的选民，其他众议员就会成为这一提议的牺牲品，他们似乎不敢不在乎后者的利益，更不敢对提议中的政策表示反对。尽管他们心里知道这样做会给预算增加新的负担，并要因此而设立新税种，但由于增加开支的后果在未来才能显现出来，而这一后果也不会于己不利，所以在投票时他们绝对会表现得干脆果断；若是投了反对票，那么当他们为连任而露面时，其后果就会清楚地表露在他们面前。

除此之外，还有一个强制性原因迫使议员们不敢提出反对意见，那就是他们必须投票赞成一切为了地方目的的补助金。因为这同样反映着选民的迫切需求，而且每个众议员只有同意自己同僚的这种类似要求，才有条件为自己的选民争取到这种补助金。①

前面提到的第二种情况，即议会对自由不可避免的限制，虽然不能明显的看出来，但却是真实存在的。这种结果是由大量的法律（一种限制性措施）造成的，议会自觉有义务表决通过，可是因为目光短浅，在很大程度上它根本预料不到这会造成什么结果。

当然这种危险是无法避免的，因为尽管像英国这种提供了最通行的议会体制，议员对其选民保持了最大独立性的国家，也无法摆脱这种危险的存在。赫伯特·斯宾塞曾在之前的一本著作中提到，表面自由的增加势必伴随着真正自由的减少。最近，在《人与国家》一书中，他再一次讲到了这个问题。就英国议会问题，他表达了自己的观点：

　　　立法机构自这个时期以来一直遵循着我指出的路线。迅速膨

---

① 1895年4月6日，《经济学家》上发表了一篇精彩文章，评论了仅仅出于竞选上的考虑而造成的主要是建设铁路方面的开支数量：建设连接仅有3000名居民的山区小镇朗盖耶和普伊之间的铁路花费了1500万法郎，建设连接有3500名居民的博芒特和卡斯特尔萨拉金之间的铁路花费了700万，建设连接有523名居民的奥斯特和有1200名居民的塞克之间的铁路花费了700万，建设连接普拉德和有727名居民的奥莱特村之间的铁路花费了600万，等等。仅1895年一年间，就表决通过了9000万法郎用于只对地方有用的铁路。还有另外一些也是出于竞选考虑而造成的同样的开支。据财政部的估算，对工人的补助加以制度化的法律，很快就会涉及至少每年1.6亿法郎的支出，而按院士特鲁瓦·部落的说法，支出会升到8亿。很明显，开支不断增加肯定会导致破产。，葡萄牙、希腊、西班牙、土耳其，许多欧洲国家已经走到了这个地步，而如意大利等另一些国家，，很快也会陷入同样的境地。在这些事情上有太多的危险信号，人们应该都会感觉得到。——原注

胀的独裁政策不断地倾向于限制个人自由，并主要表现为两个方面。为了对一些过去公民行为完全自由的事务进行限制，立法机构每年都要制定大量的法律，强迫他做一些过去他没必要做的事情。同时，公共负担，特别是地方公共负担日益沉重，它通过减少公民可以自由支配的收益份额，增加公共权力取之于他并根据自己的喜好花销的份额，进一步限制了公民的自由。

今天的许多人把"人的真实存在"仅仅理解为是人类内在的永不满意、反常、以及贪婪方面，完全忘记了正是这些人类，也建立起那些稳固的文明形态，它们比所有无法无天的暗流更强大、更稳定。
★ 荣格

在对个人自由日益增加的限制方面，斯宾塞没有明确指出的各种具体的表现形式普遍存在于所有国家中。大量的法律（大概全是些限制性法令）的通过，使负责实施它们的公务员的数量、权力和影响大大增加。也许，沿着这个方向继续走下去，这些公务员就会真正成为文明国家的主人。之所以这样说，是因为在政府不断更换的过程中，只有他们拥有更大的权力，只有他们不会被这种不断的变化所触动，只有他们不需要个性，不承担责任，永远存在。而只有具备这三种特点的人，才会实行压迫性专制。

议会不断制定一些限制性法规，将最普

通的生活行为也用最复杂的条条框框包围起来，这难免会使公民自由活动的空间范围越来越小。这样一种谬见蒙蔽了所有国家，那就是大量制定法律是保障自由与平等的最好办法，因此它们每天都在批准通过一些越来越让人不堪忍受的束缚。它们已经习惯于给公众上套，而且很快就会发展到需要奴才的地步，到那时，公众就会失去一切自发精神与活力，变成虚幻的人影，和消极、顺从、有气无力的行尸走肉。

如果真到了这种地步，那么个人必然要去寻求那种在自己身上已经找不到的外在力量。政府部门的数量必然会随着公民麻木和无望的加深而一同增长，因此它们必须表现出私人所没有的主动性、首创性和指导精神。这迫使它们要领导一切，承担一切，把一切都纳入自己的保护之下，如此一来，国家变成了全能的上帝。而经验告诉我们，这种上帝既不十分强大，也难以持久。

某些民族因表面的许可而产生了一种幻觉，误以为自己还拥有一切自由，而实际上，所有自由都正在经受越来越多的限制。而之所以会出现这种情况，除了制度的作用，还有一个重要的原因，那就是这些民族自身的衰老。迄今为止，这是任何文明都无法逃脱的衰落期的不祥先兆之一。

有那些各方面都让人胆战心惊先兆及历史的教训可以推断，我们的一些现代文明已经到达了衰败期之前那些历史上早已有过的时代。因为历史总会不断重复上演，所以所有的民族似乎都不可避免地要经历同样的生存阶段。

想要对文明进化的这些共同阶段做个简单的说明不是什么

难事，我会对它们进行概括，以此为本书做结。这种速记式的说明，可能对理解目前群众所掌握的权力有所启发。

猜一猜，如果我们根据主要线索对之前那些文明的伟大与衰败的原因进行总结、评价，会发现什么？

一群来源不同的人，在文明诞生之初，因为移民、占领或入侵等原因聚集在一起。他们没有共同的血缘，也没有共同的语言和信仰，只是因为某种尚未得到头领完全承认的法律被连接成了一个整体。这些混乱的人群有着非常鲜明的群体特征：他们有短暂的团结，既有种种弱点，也表现出英雄主义，易冲动而放荡不羁。因为他们是野蛮人，所以没有什么东西能把他们牢固地联系在一起。

漫长的岁月成就了自己的作品。种族间不断出现的通婚、环境的一致和共同生活的必要性在这期间发挥了重要作用。种族是由不同的小群体融合成一个整体形成的，它是一个有着共同的感情和特征的群体，会在遗传的作用下变得日益稳固。这群人变成了一个有能力摆脱它的野蛮状态的民族，但是，一个民族只有在经过长期的努力，不断重复的斗争及无数次的反复，直到获得了某种理想之后，才能够完全形成。不管这个理想是属于什么性质的，都不太重要，无论是对雅典的强盛、罗马的崇拜还是真主安拉的胜利，都足以使一个种族中的每个人在思想和感情上形成完全的统一。

一种包含着各种信念、制度和艺术的新文明在这个阶段油然而生。在追求自己理想的过程中，这个种族会逐渐具备一些建立千秋大业所必需的素质。当然，有时它仍然是乌合之众，这一点毋庸置疑，但是它在变幻不定的特征的背后，会形成一个稳定的基础，这就是一个种族的禀性，它能对一个民族在狭小的范围内的变化起到决定性作用，并且支配着机遇。

当完成了一切创造性工作之后，时间又开始了破坏的过程，无论是人还是神仙，都无法逃出时间的掌握。当某种文明达到了一定的复杂程度和强盛之后，便会停滞不前，而一旦停滞不前，就必定会开始衰落，这就意味着，它进入了暮年。

无论怎样，这个时刻都会不可避免地来临，而此时，作为种族支柱的理想开始衰弱就是一大特点。与之遥相呼应的，是在这种理想激励下建立起的政治、宗教和社会结构也开始发生了动摇。

这个种族因理想的不断消亡，而日益失去了让自己团结强盛的品质。虽然个人的智力和个性可以增长，但是个人自我意识的过度发展会取代这个种族集体的自我意识，与之相伴的是行动能力的减少和性格的弱化。原本是一个民族、一个联合体、一个整体的人群，最终会变成一群缺乏凝聚力的个人，在一段时间内，他们仅仅因为制度和传统而被人为地聚集在一起。而被个人愿望和利益搞得一盘散沙的人，正是在这个阶段里，失去了治理自己的能力，以至于在最普通的事情上也需要领导，于是国家开始发挥令人瞩目的影响。

这个种族的才华也随着古老理想的丧失而完全消失了。它变成了一群独立的个人，所以又回归到自己的原始状态——一群乌合之众。它只具有乌合之众那些一时的特性，既缺乏统一性也没

有未来，因为不再具有稳定性，它的文明也只能随波逐流。因为
民众的权力是至高无上的，所以到处都充斥着野蛮之风。由于久
远的历史赋予文明的外表尚存，所以它可能看上去依旧华丽，但
实际上却已经没有了任何支撑，成了一座摇摇欲坠的大厦，只待
风暴一来，这种文明便会马上坍塌覆灭。

这便是一个民族的生命循环过程：在追求理想的过程中，从
野蛮状态进步到文明状态，最终，在这个理想失去优势时，走向
衰落和死亡。

附录一

让法国倾家荡产的"密西西比计划"

人类在金融决策中经常出现群体非理性现象，这种群体心理酿成了一次次金融泡沫，比如我们这里要讲到的"密西西比泡沫"。

故事要从一个职业赌棍——约翰·劳说起。

1671年，约翰·劳出生于苏格兰首府爱丁堡的一个银行世家，是家中长子。独特的家庭环境、长期的耳濡目染使得约翰·劳从小就培养起了经济头脑。从几年后伦敦报纸上刊登的一条通缉令中我们可以大致了解约翰·劳的形象：身高6英尺，皮肤黝黑，仪表堂堂，声音洪亮。1688年约翰·劳的父亲去世，他随后就卷铺盖离开家乡，带上父亲留给他的遗产来到向往已久的大都会伦敦。

在伦敦，约翰·劳将大把的时间和金钱花费在赌场和情场上。直到1694年，他为了一名女子而与情敌威尔逊决斗，结果威尔逊先生当场毙命，当天他就被逮捕并被起诉。就在无休止的诉讼过程中，约翰·劳找机会成功越狱，并坐船逃往荷兰。

1704年他一度溜回苏格兰，并于1705年在爱丁堡出版了一本小册子：《论货币和贸易——兼向国家供应货币的建议》。在这本书中，约翰·劳极力强调增加货币对于国家利益的重要性。在他看来，增加流通中的货币，对国民经济有百利而无一害。

这本小册子虽然没有打动英国人，却引起了法国的重视。

当约翰·劳在法国宫廷中出现时，他得到的是最隆重的欢迎。他向法国摄政王①提供了两份备忘录，在这两份备忘录中，他指出了困扰法兰西并使之衰落的罪恶之源，认为正是由于通货不足，才导致了法国货币屡屡贬值。他断言，没有纸币作为辅助和支持，单一的金属通货完全不能满足一个商业国家的需要。他还特别引用了大不列颠和荷兰的例子来证明纸币的优越性。他用许多强有力的论据来论证信用的问题，并且提出了恢复法兰西信用的方法。

当时的法国是如此之衰落，应当允许他开立一家银行，由这家银行来管理皇家每年的税收，并且在税收和不动产证券的基础上发行票据。他进一步提出这家银行名义上应当直接由国王管理，但是要受到议会指定的专员们的控制。

这两份备忘录尚在考虑阶段之时，约翰·劳将自己关于货币和贸易的论文翻译成了法文，并且使尽浑身解数，举国上下竭力宣传自己作为一位金融家的声名，很快他就成为人们议论的焦点

① 此处指的是奥尔良公爵腓力二世（Philippe II，1674—1723），他是路易十四国王的侄子，于1715年—1723年担任法国摄政王。——译者注

人物。

约翰·劳30多年的学习和研究被用来指导其对银行的经营管理。他的票据全是见票即付的，在发行的时候就可以与等额的金属货币兑换。最后这一招可谓神来之笔，立刻使他的票据身价倍增，价值甚至超过贵金属货币。

很快，国家的贸易也感受到了约翰·劳所带来的好处。日见衰弱的商业开始好转，有些复苏。税款的缴纳也更加有章可循，并且百姓对纳税的抱怨与不满也大大减少了。在一定程度上，人们已经树立起了信心，相信这个体系不会崩溃，如果继续沿着这条道路走下去，只会更加有益。仅仅一年时间，约翰·劳的票据就升值了15%。

初战告捷，让约翰·劳和法国摄政王都兴奋不已，接着约翰·劳就开始着手策划那个让他遗臭万年的著名计划——密西西比计划。他向摄政王提出建议，成立一家拥有与伟大的密西西比河、西岸的路易斯安那州、东印度和南美进行贸易的独占性特许权的公司。在人们眼中，印度那个遥远的国度盛产贵重金属，富庶至极；如果建立一家拥有排他性特权的公司，凭借其独有的商业机遇所带来的丰厚利润，该公司必将成为唯一的税收包税人，成为唯一的金钱铸造者。

于是，1717年8月，约翰·劳获得了密西西比河广阔流域的贸易特许权及加拿大的皮货贸易垄断权，并以每股500利弗尔的价格开始发行股票。

在业务巨大的增长之后，密西西比公司认为将自己的名称更改为印度公司更为合适，并且增发5万股新股以扩充资本。现在，约翰·劳指给大众的前景再辉煌不过了，他承诺对价值500利弗尔的每股股票每年派发200利弗尔的红利。这个利好消息，再加上股票本来就可以用公债来购买，所以一支票面价值500利弗尔的股票仅仅花100利弗尔就可以买到。这一消息一经发布，立即让整个法国陷入了投机狂潮，至少有30万人前来申请购买这5万份新股。

每天从早到晚，想要申请购买股票的人挤破了头，将约翰·劳的家围的里三层外三层。连那些高贵的爵士及夫人们也顾不得身份，天天蹲守在约翰·劳家门口。没过多久，贵族们干脆就近租房驻扎下来，大街两边的房子的年租金从1000利弗尔一下子涨到了10000多利弗尔。约翰·劳不得已搬了家，但是新家也立即被疯狂的人群包围了。最后，约翰·劳只好以极高的价格买下了加里格南亲王的大庄园当做交易所，亲王自己则留下了庄园的后花园，随后又通过在花园里出租帐篷狠赚了一笔。

公众如此疯狂，约翰·劳的股票价格当然是节节高升。一天之内上涨两三成是常有的事。与此同时，各种离奇夸张的小道消息不胫而走，让人分不清真假。有人说，约翰·劳家所在大街的一个鞋匠把摊位租了出去，同时向前来买股票的人提供纸笔，每天能赚200利弗尔。有两个德高望重的饱学之士，刚刚互相恭维对方保持清醒没有卷入这场投机狂潮，不料隔天两人就在股票购买现场相见了。

疯狂总有尽头，因为股票价格的上涨不可能是无限制的。当差不多所有人都拥有了约翰·劳的股票，再也没有新的傻瓜加入进来的时候，股票价格就开始暴跌了。

孔蒂亲王最早向约翰·劳提出以纸币兑换铸币，很快，就有人由于不信任而效仿孔蒂亲王的做法。尽管孔蒂本来是要报复，却为别人树立了榜样。更加精明的股票投机人正确设想了这样一个前景——价格不可能永远上涨。

以交易资金量大而著称的伯尔登和拉·理查蒂尔神不知鬼不觉地将他们的纸币分成许多份兑换成铸币，每次兑换的金额较少，并且将铸币悄悄送到了国外，他们还尽可能多地购买便于携带运输的贵金属和贵重珠宝，并且将它们秘密地运往英国或荷兰。

一位投机商沃马立特察觉到风暴即将来临，他小心翼翼地弄到总额近100万利弗尔的金币和银币，将这些铸币装运到一户农夫的双轮车上，还在上面盖上厚厚的干草和牛粪，然后，他乔装打扮一番，穿上一身又脏又破的农民的大罩衫，带着自己的宝物安全地溜到了比利时。很快，他又设法将自己的宝贝从比利时运到阿姆斯特丹。

虽然政府千方百计地进行控制，贵金属仍然源源不断地被运往英国和荷兰，留在国内为数不多的铸币都被小心翼翼地保存或窖藏起来，直到铸币的短缺变得如此严重，以至于贸易不能继续顺利地进行。

在此危急关头，约翰·劳铤而走险，进行了一次大胆的尝试，他怂恿摄政王下令，禁止使用一切铸币。1720年2月又颁布

了一项法令，这项法令试图使人们重振对纸币的信心，结果却事
与愿违，这种愚蠢做法无可挽回地破坏了纸币的信用，将整个国
家推到了崩溃的边缘。这一著名的法令严禁任何人拥有超过500
利弗尔（相当于20英镑）的铸币，违者不仅处以高额罚款，并且
将所发现的全部铸币没收充公。除此以外，该法令还严禁人们购
买珠宝、贵金属和珍稀的宝石，鼓励告密者检举揭发违反这一法
令的人，并且保证以他们告发后所发现的总金额的一半作为奖
励。这样的暴政闻所未闻，举国上下发出悲痛绝望的哀叫，令人
深恶痛绝的迫害每天都在上演，家庭隐私被告密者及其代理人的
入侵而破坏。

　　那么约翰·劳的结局呢？事实上即使在公众对密西西比股
票的痴狂达到顶峰之时，他也没有以一个国家的牺牲为代价来为
自己造福谋利，约翰·劳一直坚信他的计划最终将成功地使法
兰西成为欧洲最富有、最强盛的国家，他将自己的全部收入都
投资于购买法国的地产这一点也有力地证明了他对自己计划的
可靠性所具有的信心。他没有囤积任何的金银餐具或是珠宝，也
不像那些不诚实的投机商一样将金钱偷偷运往国外。除了一颗价
值5000～6000英镑的钻石以外，他所有的钱都投资在法兰西大地
上，当他离开那个国家的时候，他几乎已经沦为乞丐。约翰·劳
在1729年于威尼斯去世，死时的境况异常窘迫狼狈，下面的墓志
铭就写于当时：

　　一个大名鼎鼎的苏格兰人长眠于此，

他的算计能力举世无双，

这个人按照代数的规则，

把法国送进了医院。

谎言与群体狂热造就的"南海泡沫"

南海泡沫事件发生在1720年，是世界证券市场首例由过度投机引起的经济事件。"泡沫经济"或"气泡经济"一词也是源于南海泡沫事件。而究其根底，还是群众性狂热惹的祸。

1711年，英国政府为了向南美洲进行贸易扩张，而专门成立了一家公司——南海公司，公司因拥有1170万英镑的英国国家债务而成为英国国债最大的债权人。然而，该公司成立之后的8年间，除了无休止地向南美洲贩运黑奴之外，几乎没干过一件能够赢利的事情。

到了1718年，英国的国家债务总额已经累积到了3100万英镑。1720年1月22日，南海公司向英国政府提出利用发行股票的方法来减缓国债的压力。为了迅速筹集还债资金，不堪重负的英国政府在两个月后最终批准了这个议案。

在这段时间里，南海公司的董事们发动一切关系——尤其是董事会主席、大名鼎鼎的约翰·布朗爵士，无所不用其极地宣传造势：比如说，南海公司在拉丁美洲那边发现了金矿、银矿、香料；英国和西班牙再次签订了合约，南海公司将被授权与西班牙所有的殖民地进行自由贸易；英国盛产的棉花和羊毛制品，将会吸引墨西哥人以他们全部的金矿来购买，南海公司将因此变成世

界上首屈一指的大公司，而加入南海公司进行海外贸易的人，都
将因此变成全世界最有钱的大富豪；在南海股票上每投资100英
镑，年末股东将获得超百倍的红利等……

很快人们开始相信了这些谎言，南海公司海市蜃楼般的利润
前景，唤起了英国人异乎寻常的狂热，南海公司的股价一下子暴
涨，全民都投入到南海热中。

当时，英国社会流行一首非常诙谐的民谣，名字就叫做《南
海泡沫之歌》，从中我们不难看到当时的群众狂热：

星星在混乱的人群头顶闪耀，

袜带在乡村莽汉身上缠绕。

人们要不买卖，要不围观瞧热闹，

连新教徒也在和犹太人不断争吵。

高贵的夫人们从四面八方驾车赶到，

好一通奔忙不辞辛劳，

为了股票不惜赌博冒险，

就算押上珠宝也毫无怨言。

就这样，英国社会的各个阶层都被卷入了这个巨大的漩涡
中，男人们在酒馆和咖啡馆里穿梭往来会见经纪人，女士们也聚
在衣帽店和杂货铺里对股票走势发表高论。虽然大家并不见得是
真心认同那些五花八门、花里胡哨的项目计划，却都抱有相同的
目的，那就是通过股票经纪人的投机炒作促使股价上涨，然后从

中赚得丰厚的差价。南海公司又在背后开始了煽风点火的勾当。一张张股票申购单被填得满满当当，一车车股票被送到交易所，一波波的成交风潮此起彼伏。股票市值也被哄抬得越来越高。

据记载，从1720年3月到9月，在短短的半年时间里，南海公司的股票价格一举从每股330英镑涨到了1050英镑。有榜样就有效仿者，当人们看到南海这种泡沫吹起来后十分赚钱，民间就纷纷组织这类泡沫公司。这些民间公司极大地损害了南海公司的利益，为了与民间企业争夺有限的社会资源，他们开始拼命游说国会，利用与政府之间的特殊关系去说服议会，并用贿赂手段买通议员。

最终，议会在1720年6月通过了《反金融诈骗和投机法》，禁止民间组织公司。《反金融诈骗和投机法》被民间俗称为"泡沫法"，也就是说"泡沫法"认定了民间股票是泡沫。我们不妨来看一下当时高等法院法官们裁定解散的民间泡沫公司名单：

1. 瑞典铁矿进口公司。

2. 伦敦海运煤炭供应公司，资本金300万英镑。

3. 英格兰联合房屋建筑和重建公司，资本金300万英镑。

4. 细棉布制造公司。

5. 英国铝业公司。

6. 布兰科和圣塔塔加哥斯岛定居点开发公司。

7. 迪尔城淡水供应公司。

8. 弗兰德斯花边饰带进口公司。

9. 英格兰土地改良公司，资本金400万英镑。

10. 发展英格兰养马业、改良牧师和教堂土地以及修缮和重建教区长和牧师房屋公司。

11. 大不列颠钢铁制造公司。

12. 弗林特郡土地改良公司，资本金100万英镑。

13. 购买和开发、建设土地的公司，资本金200万英镑。

14. 皮毛类商品贸易公司。

15. 霍利岛制盐公司，资本金200万英镑。

16. 房地产买卖及住房抵押贷款公司。

17. 有着绝对优势，能带来巨大回报，但是无人知晓那是什么的公司。

18. 伦敦街道铺设公司，资本金200万英镑。

19. 英国联合殡葬服务公司。

20. 有息贷款买卖不动产的公司，资本金500万英镑。

21. 大不列颠皇家渔业公司，资本金1000万英镑。

22. 海员薪金福利保险公司

23. 勤勉人士创业贷款公司，资本金200万英镑。

24. 购买和改良可出租土地公司，资本金400万英镑。

25. 从英国北部和美洲进口沥青和海军后勤装备的公司。

26. 布料、毛毡和波形瓦贸易公司。

27. 购买和改良艾塞克斯郡庄园采邑和征收矿区使用费的公司。

28. 马匹保险公司，资本金200万英镑。

29. 出口羊毛制品、进口铜、黄铜和铁的贸易公司，资本金

400万英镑。

30. 药品经营公司，资本金300万英镑。

31. 铅矿公司，资本金200万英镑。

32. 肥皂制造工艺改进公司。

33. 在桑塔–克鲁兹岛上建造居民定居点的公司。

34. 德比郡铅矿勘察、开采公司。

35. 玻璃瓶和其他玻璃制品制造公司。

36. 永动轮制造公司，资本金1130万英镑。

37. 花园改建公司。

38. 为保障儿童财产和增加其福利而建立的公司。

39. 为在海关装载货物，并为商人进行商务谈判提供方便的公司。

40. 北英格兰羊毛制造业公司。

41. 弗吉尼亚胡桃树进口公司，资本金200万英镑。

42. 曼彻斯特棉花和绳索制造公司。

43. 加帕和卡斯泰尔肥皂制造公司。

44. 不列颠王国熟铁和炼钢业品质优化公司，资本金400万英镑。

45. 蕾丝饰物、麻纱、荷兰棉麻布、细麻布等货物交易公司资本金200万英镑。

46. 大不列颠王国特殊商品贸易公司，资本金300万英镑。

47. 伦敦市场牛肉制品公司。

48. 眼镜、马车镜制造公司，资本金200万英镑。

49. 康沃尔郡和德比郡锡矿和铅矿公司。

50. 菜子油制造公司。

51. 海狸皮进口公司. 资本金200万英镑,

52. 纸板和包装纸制造公司。

53. 毛纺织制造用油和其他原材料进口公司。

54. 改善和扩大丝制品加工业的公司。

55. 以储蓄、年金和票据为基础提供贷款的公司。

56. 以小额折扣支付寡妇和其他人士年金的公司,资本金200万英镑。

57. 麦芽酒制造和改良公司,资本金400万英镑。

58. 美洲渔场建设公司。

59. 购买和改良林肯郡沼泽地的公司,资本金200万英镑。

60. 大不列颠纸制品改造公司。

61. 伯特莫里公司。

62. 麦芽干燥公司。

63. 奥罗诺克河贸易公司。

64. 科尔彻斯特和大不列颠其他地方的厚毛呢制造公司。

65. 为购买航运物资、提供食品、支付工人工资而设立的公司。

66. 雇用熟练技工为商人和其他人装饰钟表的公司。

67. 改良耕地和耕牛品种的公司。

68. 改良马匹品种的公司。

69. 另一家马匹保险公司。

70. 大不列颠玉米贸易公司。

71. 为防范仆人过失的男女雇主保险公司，资本金300万英镑。

72. 为收容和养育私生子而建造福利设施的公司，资本金200万英镑。

73. 在不使用火或不产生营养损失的情况下漂白粗糖的公司。

74. 大不列颠收费公路和码头建设公司。

75. 因抢劫或偷盗受损客户保险的公司。

76. 从铅矿中提炼白银的公司。

77. 瓷器和彩陶制造公司，资本金100万英镑。

78. 进口烟草，再向瑞典和北欧出口的公司，资本金400万英镑。

79. 利用坑煤冶铁的公司。

80. 为伦敦城和威斯敏斯特城提供干草和稻草的公司，资本金300万英镑。

81. 在爱尔兰开设帆布和包装布制造厂的公司。

82. 碎石道砟制造公司。

83. 购买和装备镇压海盗的船只的公司。

84. 威尔士木材进口公司，资本金200万英镑。

85. 岩盐开采公司。

86. 把水银变成可锻精制金属的公司。

解散民间泡沫公司的同时，也是在助长南海泡沫的形成。不用说，"泡沫法"的颁布进一步推高了南海公司的股价。

当人们争先恐后地购买股票时，而当时的政府成员，这可以被称为最早的内幕交易者，在股价越涨越高时，包括财政部长在内的许多官员卖掉了所持有的股票。内幕人士与政府官员的大举抛售，引发了南海泡沫的破灭。1720年，南海公司的股价从8月31日的775英镑一路下跌，到10月1日，只剩下290英镑。

关于南海泡沫酿成的灾难后果，查尔斯·麦基曾在其著作《大癫狂：非同寻常的群众幻想与癫狂》中写道：

数不清的英国家庭都被南海大投机害得倾家荡产，一贫如洗；曾经挥金如土的富商巨贾沦为蜷缩在街角的乞丐；而那些身份贵重、身处万人之上的权贵重臣则流亡四方；在英格兰的每一个角落里，都能听到悔恨不堪的自责声与咒骂声……这样一幅悲惨的图景出现在面前，你能说其中缺乏生气吗？

人群完全没有了理智，他们被裹挟狂热地追求那金光闪闪的幻象，什么理智、什么判断全部忘得一干二净，如同传说中被精怪迷得魂灵出窍的雌鹿。最终，他们被引诱到致命的沼泽中去，眼看就要遭受灭顶之灾却还在一力强辩，说这一切不过是一场噩梦。

在这次泡沫中遭受损失的投资人甚至还包括大名鼎鼎的科学家牛顿，牛顿在南海泡沫中的损失超过了2万英镑。事后，他不无伤感地写道：我可以准确地计算出天体的运动规律，但却无法计算出股票市场的变化趋势。

然而，比牛顿损失更大的则是英国的经济，南海泡沫的破灭使神圣的政府信用也随之破灭了，英国没人再敢问津股票。从那以后，柴思胡同这条著名的交易街清静了整整100年，此间，英国没有发行过一张股票。

群体盲从酿成的"郁金香狂潮"

这里要说的是一个关于郁金香的故事。郁金香原产于小亚细亚，1593年，传入荷兰。17世纪前半期，由于郁金香被引种到欧洲的时间很短，数量非常稀少，因此价格极其昂贵。在崇尚浮华和奢侈的法国，很多达官显贵家里都摆有郁金香，作为观赏品和奢侈品向外人炫耀。1608年，就有法国人用价值3万法郎的珠宝去换取一颗郁金香球茎。但这种奢侈与荷兰对郁金香的狂热比起来，只不过是小巫见大巫。

当郁金香开始在荷兰流传后，一些机敏的投机商看到了商机，就开始大量囤积郁金香球茎以待价格上涨。不久，在舆论的鼓吹之下，人们都对郁金香表现出一种病态的倾慕与热忱，并开始竞相抢购郁金香球茎。

到了1634年，郁金香的热潮渐渐蔓延为荷兰的全民运动，一些自诩睿智的饱学之士也被卷入其中。当时买入价为1000美元的郁金香花根，不到一个月后就升值为2万美元了。

面对这样让人难以想象的暴利，所有的人都被冲昏了头脑。荷兰百业荒废，人们纷纷变卖家产，只是为了购买一株郁金香。

就在这一年，为了方便郁金香交易，人们干脆在阿姆斯特丹的证券交易所内开设了固定的交易市场。正如当时一名历史学家所描述的："每个人都相信，郁金香狂潮将永远持续下去，世界各地的有钱人都会向荷兰发出订单，无论什么样的价格都会有人甘于付账。在受到如此恩惠的荷兰，贫困将会一去不复返。无论是贵族、市民、农民，还是工匠、船夫、随从、伙计，甚至是扫烟囱的工人和旧衣服店里的老妇，都加入了郁金香的投机。无论处在哪个阶层，人们都将财产变换成现金，投资于这种花卉。"

1637年，郁金香的价格已经涨到了骇人听闻的水平。与上一年相比，郁金香总涨幅高达5900%！1637年2月，一株名为"永远的奥古斯都"的郁金香售价高达6700荷兰盾，这笔钱足以买下阿姆斯特丹运河边的一幢豪宅，而当时荷兰人的平均年收入只有150荷兰盾。

具体的数字更能说明问题：在郁金香根茎最值钱的时候，一支郁金香根茎相当于：2车燕麦，4头肉牛，4头肉猪，12只绵羊，4桶啤酒，2桶葡萄酒，1000磅奶酪。人们纷纷用土地、房屋、家具、马匹、绵羊、奶酪等任何值钱的东西来交换郁金香……

有两个小故事，或许能够帮助读者更好地了解当时人们的疯狂。

当时海牙有一个鞋匠，在自家的一小片种植园里培育出了一株罕见的黑色郁金香。消息传开后，引起了巨大的震动。一伙来自哈勒姆的种植者拜访了他，想说服鞋匠把花卖给他们。最后，鞋匠以1500荷兰盾的高价把自己的宝贝卖给了他们，没想到，买家中有一个人立即把黑色郁金香摔到地上，用脚将其踩成一摊烂泥。鞋匠惊呆了，买家们却轻松地解释说，他们也培育出了一株黑色郁金香，为了确保自己的花是独一无二的，他们情愿付出一切代价，不要说只是1500荷兰盾，如果有必要，就是花费上万荷兰盾也在所不惜。

第二个小故事，可以当做一个黑色幽默来看。

有一位年轻的水手，由于常年在海上工作，对荷兰国内正在掀起的郁金香狂潮一无所知。一次，这个水手因为卖力地工作得到了船主的特别奖赏，船主招待他来家里做客，并且给了他一条熏鲱鱼做餐点。当水手离开时，他一眼看到船主的桌子上有一颗"洋葱头"，顿时觉得这颗"洋葱头"和铺着华丽丝绸，并用天鹅绒铺垫的桌子实在是不相称，于是他就顺手牵羊拿走了"洋葱头"，正好可以和熏鲱鱼一起吃。

然而，水手并不知道，自己拿走的"洋葱头"其实是一颗叫做"永远的奥古斯都"的郁金香球茎。那朵球茎是船主花了3000荷兰盾从阿姆斯特丹交易所买来的。当船主发现郁金香丢失时，简直急疯了，他立刻发动仆人和朋友一起寻找，最后他总算想起了水手，于是众人发足狂奔，冲到码头。但是一切都太晚了，等大家到了那里才发现，水手正坐在一捆缆绳上，津津有味地就着熏鲱鱼嚼着最后一口"洋葱头"。

这个可怜的水手并不知道自己已经闯下了大祸，他的这顿早餐的价格足够全船的人吃一年了，用那倒霉船主的话说："这顿大餐的价钱，都够宴请奥兰王子和整个总督委员会了。"水手为了自己的一顿早餐付出了巨大的代价，他被船主指控为抢劫，蹲了几个月的牢。

但是，这件事也给正在疯狂中的荷兰人泼了一盆冷水：价值几千荷兰盾的球茎在一个不知情者的眼中竟如同洋葱，是水手疯了，还是荷兰人太不理智了？最终这个偶然的事件仿佛一枚重型炸弹，引起阿姆斯特丹交易所的恐慌。

1637年2月4日郁金香泡沫突然崩溃。卖家疯狂抛售，一夜之间，郁金香球茎的价格一泻千里。虽然荷兰政府赶快出面救市，他们请专家发表声明认为郁金香球茎价格无理由下跌，劝告市民停止抛售，并试图以合同价格的10%来了结所有的合同，但这些努力根本无济于事。一个星期后，郁金香的平均价格已下跌了90%，而那些普通的品种甚至不如一颗洋葱的售价。绝望之中，人们纷纷涌向法院，希望能够借助法律的力量挽回损失。但在1937年4月，荷兰政府决定终止所有合同，禁止投机式的郁金香交易，从而彻底击破了这次历史上空前的经济泡沫。

现在我们可以来看一下，郁金香狂潮的整个过程，并做一点反思。

一开始，在群体的影响下，人们全都信心十足。当一个人从郁金香的交易中尝到了甜头，腰包变得鼓鼓囊囊，周围的人立刻投入进去；投机者对郁金香价格的涨跌进行投机，并且通过在价格上涨时卖出和在价格下跌时买进而赚取了大量的利润。许多人在一夜之间暴富，他们的榜样效应又吸引更多人加入进来。人们前赴后继，一个跟一个地冲进郁金香交易中心，就像一群苍蝇围绕着蜂蜜打转一样。每个人都以为对郁金香的热情会持续下去，而财富也会从世界各地源源不断地涌入荷兰。

可是到了后来，一个偶然事件给人们带来了冲击，一些行事比较谨慎的人们开始认真思考了，他们不再认为这种狂潮会无止境地维持下去：富裕的家庭不再将买来的郁金香种在自家花园里，而是转手以高价将之卖出，赚取差价。越来越多的人开始接受这种判断，认为有道理并据此抛售手中的郁金香，郁金香的价格应时下跌，并且一跌不可收拾，永远也没有再涨起来。群体效应再次发挥了作用，巨大的恐慌摧毁了人们的信心，使得每个交易者心乱如麻。

全国上下陷入一片混乱，每个人都在指责自己的亲友；很多在热潮中刚刚富裕起来的人，又被迅速打回原形；相当多的富裕人家都为郁金香泡沫的破灭所累，一夜之间沦为了穷光蛋；许多贵族家庭眼睁睁看着自己家族的财产毁于一旦而无计可施。

附录二

《乌合之众》理论精读

古斯塔夫·勒庞是群体心理学的创始人，他最著名的著作《乌合之众：大众心理研究》出版于1895年。他认为作为群体的一员时，人的行为本质上不同于人的个体行为。群集时有一种思想上的互相统一，勒庞称之为"群体精神统一性的心理学定律"，这种统一可以表现为不可容忍、不可抵抗的力量或不负责任。群体行为可能是突然的和极端的；智力过程可能是初步的和机械的。

勒庞在群体心理学研究方面卓有成就，按照他的理论，一群人如果被认为属于一个种族或亚种，他们一定具有同样或相似的感情和思维方法。他确定的标准包括推理能力的水平、注意力和本能需求控制。

勒庞认为，整个社会生活的基础就是"民族的精神"。任何一个民族、种族或一种文明都具有民族的精神，即共同的感情、利益和思维方式。他认为欧洲社会日益增长的特征是群众的聚合物，个体的意识即个性淹没在群众心理之中，群众心理诱发出情绪，意识形态通过情绪感染得到传播。一旦被广泛传播，意识形态就渗透到群众中个体的心理层次，使个体丧失批判能力，从而影响他们的整个行为；群众的行为是一致性、情绪性和非理智性的。勒庞认为他的这种观点可在现代群众和群众组织中得到证实。

群体认识——被强化的个人信念

勒庞的群体观点认为，在群集情况下，个体很容易就会放弃独立批判的思考能力，而让群体的精神代替自己的精神，进而放弃了责任意识乃至各种约束，最有理性的人也会像动物一样行动。群集时还会产生一处思想的感染，使得群众的无意识思想通过一种精神作用而互相渗透。对此勒庞总结说，当它成为集体时，任何一种虚弱的个人信念都有可能被强化。

进入了群体的个人，在"集体潜意识"机制的作用下，在心理上会产生一种本质性的变化。就像"动物、痴呆、幼儿和原始人"一样，这样的个人会不由自主地失去自我意识，完全变成另一种智力水平十分低下的生物。

勒庞发现，约束个人的道德和社会机制在狂热的群体中失去了效力，这种说法是符合某种逻辑的：孤立的个人心里很清楚，他不能焚烧房屋或洗劫商店，即使受到这样做的诱惑，他也很容易抵制这种诱惑。但是如果他能够成为群体的一员，这种限制就不存在了，他就会意识到人数赋予他的力量，这足以让他生出杀人劫掠的念头，并且会立刻屈从于这种诱惑。当然我们知道，从以个人责任为基础的法制立场上说，这种在群体中消失了个人利益和目标的人会变成一个"无名氏"，而法律的基础是个人责任，对这样的无名氏是不起作用的。这样就意味着，这个人不必为自己的行为承担责任。一旦意识到肯定不会受到惩罚——而且人数越多，这一点就越是肯定，那么在群体中间，很多人在摆脱了正常生活中卑微无能的感觉之后，就会产生出一种残忍、短暂但又巨大的能量。

当群体中的领袖们打算用各种社会学说影响群体的思维时，他们需要借助"断言法、重复法和传染法"。勒庞指出："群体因为夸大自己的感情，因此它只会被极端感情所打动。希望感动群体的演说家，必须出言不逊，信誓旦旦"。也就是说，对群体领袖来说，夸大其词、言之凿凿、不断重复及绝对不以说理的方式，是说服群众的不二法门。因此，大凡能够成就大业的领袖人物，他最重要的品质不是博学多识，而是必须具备强大而持久的意志力，正是因为有了这种强大持久的意志，他所坚持的观念或追求的目标，最初受到群众的赞成也许是因为其正确，但即使在已经铸成大错，思想的荒谬已经暴露无遗时，也未必能够动摇他的信念，因为任何理性思维对群体已经不起作用了，在很多情况下，群体甚至会以牺牲来体现自己的价值，他们已经失去了自我保护的本能。

走向平庸——群体的一般特征

在勒庞看来，群体的智力总是低于独立的个体，在群体中，大部分人更喜欢盲从，也就是说群体总是会把智力更高的人带向平均水平，所谓的"走向平庸"。

勒庞认为，群体的表现会和个体的行为不同，但结果是更好还是更坏则要取决于群体在采取行动之前，接受的是怎样的暗示。这就引出了群体无意识概念，群体无意识其实是在抹杀了智力的干扰之后，凸显了激情和冲动这种人类原始、不受大脑控制的应激反应，而激情和冲动因为较少受到理智的限制，所以我们无法确保它最后会走向哪个方向。

所以在面对群体无意识的状况时，我们应该考虑，是否有可能通过理性的力量对群体的激情和冲动加以引导和组织？或者在应用到现实的制度时，理性的力量和激情与冲动的力量应该如何结合？作为一个社会心理学的问题，如果把独裁和民主放在其中，是不是能找到各自的发展逻辑和研究空间？

我们将这个问题继续延伸一下，会得出这样的结论：改变历史或许有两种办法——理性的分析和建设或冲动的破坏和损毁。

理性的分析和建设是自上而下的改革，并且只有当改革的发起者足够理性、睿智的时候，改革才会走上正途，比如良性改革。

冲动的破坏和损毁则是自下而上的暴力革命，并且只有当引发革命中群体无意识的"暗示"是善意的时候，革命才不至于带来暴政和恶果。

矛盾激发——群体的感情与特征

群体的第一个特征是冲动、易变和急躁。

可能引起群体这些情绪的因素多种多样，群体总是屈从于这些刺激，因此它也极为多变。这解释了我们为什么会看到，群体可以在转眼之间就从最残暴的狂热变成最极端的宽宏大量和英雄主义。

群体不仅冲动而多变。它不准备承认，在自己的愿望和这种愿望的实现之间会出现任何障碍，它没有能力理解这种中间障碍，因为数量上的强大使它感到自己势不可挡。出乎预料的障碍会被狂暴地摧毁。

群体的第二个特征是易受轻信和暗示。

群体是需要一个方向的，它通常处在一种期待注意的状态中，因此很容易受人暗示。最初的提示，通过群体中传染的过程，会很快进入群体中所有人的头脑，群体感情的一致倾向会立刻将之变成一个事实。

群体中的每一员都失去了批判能力，除了极端轻信外再无别的可能。但这里要指出一点，一些荒谬的神话之所以可以轻易地在群体中流传，不仅是因为他们极端轻信，也是事件在人群的想象中经过了奇妙曲解之后造成的后果。

如果你认真观察一个群体，你就会发现，群体很少对主观和客观加以区分。它把头脑中产生的景象也当做现实，当然，这个景象同观察到的事实几乎总有微乎其微的关系。

而暗示的起点一般都是某个人多少有些模糊的记忆所产生的幻觉，在这一最初的幻觉得到肯定之后，就会引起相互传染。

关于那些在人类历史上发挥过重大作用的伟大人物的生平，如赫拉克利特和释迦牟尼，我们真的了解他们吗？答案是否定的，但实际上，他们的真实生平对我们无关紧要。我们想要知道的，是我们的伟人在大众神话中呈现出什么形象。打动群体心灵的是神话中的英雄，而不是一位真实英雄。

群体的第三个特征是偏执、专横和保守。

群体最容易接受的，是简单而极端的感情，对于提供给他们的各种意见、想法和信念，他们或者全盘接受，或者一概拒绝，没有第三种结果。

由于群体对何为真理何为谬误的态度不容许外界存在任何怀疑，而另一方面，它们又清楚地意识到自己力量的强大，于是便给自己的理想和偏执赋予了专横的性质。个人可以接受与别人的观点不一致，并且愿意进行讨论，最后得出正确的结论，但是群体是绝对不会这样做的。

勒庞认为，专横和偏执是一切类型的群体的共性，也是它们最容易接受的感情，只要有人在它们中间煽动起这种情绪，它们随时都会将其付诸实践。于是，在现实中我们就会看到这样的情形：群体对强权俯首帖耳，却很少为仁慈心肠所动，因为它们认为那不过是软弱可欺的另一种形式。

群体的第四个特征是强烈而偏执的道德感。

上面说到群体是非常冲动而且多变的，这里说到的第四个特征看起来似乎与前文所述有点矛盾。因为这里要作一点解释，我们所说的强烈的道德感是指群体在某些时候表现出来的品质，如舍己为人、自我牺牲、不计名利、献身精神和对平等的渴望等，这些也是"道德"的内容，因此我们可以说，群体经常会表现强烈的道德感。

如果以名誉、光荣和爱国主义作为号召，最有可能影响到组成群体的个人，而且经常可以达到使他慷慨赴死的地步。像十字军远征那种事例，历史上比比皆是。群体往往会为了自己只有一知半解的信仰、观念和只言片语，便英勇地面对死亡！

群体对个人的这种道德净化作用，肯定不是一种不变的常规，然而它却是一种经常可以看到的常态。

思想的力量——群体的观念与想象力

每一种文明其实都是有几个基本的观念维系的，而且这些观念是非常稳固的，很少受到革新的影响。下面，我们将说到这些观念在群体心中是多么根深蒂固，影响这一过程是多么困难，以及这些观念一旦得到落实所能爆发的巨大力量。

上面所说的观念通常可以分为两类。一类是那些受一时的环境影响来去匆匆的观念；另一类是基本观念，它们因为环境、遗传规律和公众意见而具有极大的稳定性。

要想将观念灌入群体的头脑中，观念就必须是简单明了、通俗易懂的。如果不合这个标准，那么就要对它进行一番改造。

一种观念——我们且不管它出场时显得多么伟大或多么正

确——它那些高深或伟大的成分，一旦进入了群体的智力范围并对它们产生影响，就会被剥夺殆尽。

即使一种观念经过了彻底的改造，使群体易于接受时，它也只有在进入无意识领域，变成一种情感时才会发挥作用，这通常需要较长的时间。

不要认为，一种观念只要是正确的，就至少能在理性者的头脑中产生作用。在某些情况下，这种正确的观念可能确实会被有理性的人接受，但是群体的作用很快就会把他无意识的自我重新带回他原来的观点。实际上他仍处在以往观念的影响之下，它们已经变成了一种情感；只有这种观念影响着我们的言行举止最隐秘的动机。

让一个观念在群体的头脑里扎根需要很长时间，而要根除它们同样也需要很长时间。因此就观念而言，群体总是落后于博学之士和哲学家好几代人。

现在请回答一个问题，群体有理性吗？或者说群体还能够接受理性的影响吗？

关于这个问题，我们没有办法肯定地说，群体没有理性或不受理性的影响。但是群体所接受的论证，以及能够对它产生影响的论证，从逻辑上来讲是属于十分拙劣的一类，因此把它们称为推理。不仅如此，群体低劣的推理能力也要借助于观念，不过，在群体所采用的各种观念之间，只存在着表面的相似性或连续性。

勒庞指出，群体的推理其实是把彼此不同、只在表面上相似的事物搅在一起，并且立刻把具体的事物普遍化。知道如何操纵群体的人，给他们提供的也正是这种论证。

这就涉及了群体想象力的问题。这一点可能是出乎预料的，群体并非僵化的，它们的想象力不但强大、活跃，并且非常敏感。

对于群体来说，一个事件中不同寻常的一面会给群体留下特别深刻的印象。这一点并不难理解，分析一下一种文明就会发现，使它得以存在的真正基础，正是那些超乎一般想象、神奇式的内容。

而且群体需要形象生动的暗示。比如最能活灵活现反映人物形象的戏剧表演，总是对群体有巨大的影响。

所有观众同时体验着同样的感情，不过是个幻觉的牺牲品，他的笑声与泪水，都是为了舞台上那个想象出来的离奇故事。群体领袖都很会在这种想象力上下功夫。所有重大的历史事件，如宗教改革、法国大革命，都是因为对群体的想象力产生强烈影响所造成的直接或间接的后果。

所有时代和所有国家的政治家，包括最专横的暴君，也都把群众的想象力视为他们权力的基础，他们从来没有指望过既与它作对又进行统治。比如拿破仑就对国会说："我通过改革天主教，终止了旺代战争；通过变成个穆斯林教徒，在埃及站住了脚；通过成为一名信奉教皇至上的人，赢得了意大利神父的支持……如果我去统治一个犹太人的国家，我也会重修所罗门的神庙。"

心理群体——不同群体的分类及特点

勒庞认为从心理学的角度看，一群人会表现出一些新的特点，它非常不同于组成这一群体的个人所具有的特点。聚集成群的人，他们的感情和思想全都转到同一个方向，他们自觉的个性消失了，形成了一种集体心理。那么群体应该怎样进行分类呢？

1. 异质性群体

a.街头群体等无名称的群体。

b.陪审团及议会等有名称的群体。

2. 同质性群体

a.政治宗教等派别——共同的信仰。

b.军人、僧侣、劳工等身份团体——相同的职业。

c.中产阶级、农民阶级等不同阶级——相同的利益、生活习惯及教育。

勒庞在本书中只讨论了异质性群体，这里我们可以看一下勒庞重点关注的几种特殊群体。

第一，犯罪群体。

群体的犯罪在法律上或许可以视为犯罪，但在个体心理上也许不是。

在群体的兴奋中，群体成员会进入一种纯粹自动的无意识状态，在这种状态下，它受着各种暗示的支配。如果在这个时候发生犯罪，那么群体参与者往往是受到一种强烈的暗示：他们在履行神圣的责任。

第二，陪审团群体。

陪审团最大的特征就是易受暗示，且缺乏推理能力。他们是如此易受感情因素影响，以至于无论组成陪审团的是什么人，他们的判决总是一样。

因此，优秀的律师总是把陈述的重点放在打动陪审团上。还需要陪审制度吗？陪审团的错误历来首先是地方官的错误。从前者那里还有找回清白的机会，让后者认错的机会却是微乎其微。

第三，选民群体。

选民集会上，我们可能会看到辱骂、看到拳脚相加，但绝对听不到理性论证。选民的意见和选票往往是操纵在选举委员会手里的，而选民群体的选举权所表达的不过是一个种族无意识的向往和需要。在每个国家，当选者的一般意见都反映着种族的禀性。各种制度和政府对一个民族的生活只能产生很小的影响。

明白了上面的内容，那么就很容易找到说服选民群体的办法：

1.享有名望，能够迫使选民不经讨论就接受自己。

2.毫不犹豫地向选民做出最惊人的许诺。候选人写成文字的纲领不可过于绝对，不然他的对手将来会用它来对付自己，但是在口头纲领中，可以放纵自己夸夸其谈，可以毫无惧色地承诺最重要的改革。

3.对于竞争对手，必须利用断言法、重复法和传染法。

第四，议会群体。

议会只是在某些时刻才会集合成一个群体。在大多数情况下，组成议会的个人仍保持着自己的个性。

议会常常容易带来两个弊端：一是不可避免的财政浪费（增加开支的后果属于遥远的未来），二是对个人自由不断增加的限制（法律越来越多）。

当然，我们也可以从议会中看到群体的一般性特征：

意见的简单化——他们总是倾向于夸大自己原则的价值，非要把它贯彻到底不可。

牢固无法改变——在贸易保护或酿酒业特权这类与有势力的选民的利益有关的问题上，即使有狄摩西尼的天赋，也难以改变一位众议员的投票。

处在主导地位的人依然是那些领袖。议会中的表决通常只代表极少数人的意见。亨有足够名望的领袖几乎掌握着绝对权力。